杉山一志のリーディング&リスニング

有名一流講師による7日間英語力養成プログラム

NAN'UN-DO

このシリーズについて

　2020年を境にして大学入試英語は大きく変わると言われています。具体的に、何がどうかわるのかという部分では、実際に、現行の大学入試センター試験の代替テストが実施されないと分からない部分もありますが、ここ数年の大学入試の変化で、すでにはっきりしていることもいくつかあります。

　その中でも最も大きな変化は、英語の試験が、「4技能測定テスト」に向けて変わっていくということと、「文法そのものを問う問題がなくなりつつある」ということと言えるでしょう。最初の「4技能測定テスト」というのは、これまでは、R（リーディング）中心（一部、L（リスニング）やW（ライティング）有り）だった英語の試験が、リスニング（L）/ リーディング（R）/ スピーキング（S）/ ライティング（W）の4つの柱を持ち、それぞれの力を均等に測定するテストになるということです。

　また、「文法そのものを問う問題がなくなりつつある」というのは、例えば、皆さんがこれまで学習してきた英文法単元に「関係代名詞」という単元がありますが、関係代名詞のwhich と that のどちらかを選ばせるように、文法を直接的に問う問題がなくなりつつあるということです。これまでの大学入試問題の中には、あまりにも細かな文法事項を問う問題であることから、答えが1つに絞り込めないような悪問やパズルのような書き換え問題が出題されることもありました。文法は、あくまで、先ほどの4つの技能を高めるために必要なものと割り切って、「理解」と「暗記」をして、運用能力を高めていくことが、これからの入試を控えた皆さんのかしこい勉強の方法だと言うことができるのです。

　本書では、今後の大学入試の事情を把握した上で、以下のようなことを意識して作成しました。

- 各項にリーディングのリスニングを用いて、そのどちらにも音源をつけ、多角的に学習が可能。
- リーディングの文章は、TOEFLやTEAPのような外部入試に合わせて、下線部和訳問題や指示語説明問題のような日本語を介する設問は全て排除。
- 各項目のリーディングとリスニングのテーマに関連性を持たせると共に、時事的な内容を扱うことによってライティングやスピーキングにも使える表現やアイデアが満載。

　本書は、大学生向け教材をこれまで100冊以上執筆し、その多くが実際の大学入試にも採用されているという輝かしい実績を持つジム・クヌーセン氏に英文執筆をご担当いただきました。また、解答・解説は、予備校で数多くの受験生を実際に指導し、入試の動向にも精通している講師陣が担当し、高いレベル（英検準1級を目標とするレベル）で英語を習得したいという高校生の熱い要望に応える形で書き上げました。

＊本書の表紙に掲載されている、"4 Skills for Japan" のロゴマークは、日本中のより多くの人々が、英語をコミュニケーションの道具として活用・運用できるようになることを願い設立された、一般財団法人 実用英語推進機構の公式ロゴマークです。

はじめに

　皆さん、こんにちは。この本の執筆を担当した杉山一志といいます。まずは、本書を手にとっていただいてありがとうございます。手にとってくれた皆さんは、大学受験生でしょうか。高校1年生・2年生の人もいるかもしれません。

　いずれにしても、本書を手にとってくれた皆さんの多くが、「入試で通用する英語力をつけたい」「英語力をもっと伸ばしたい」と考えていることだと思います。また、もしかしたら、「入試が大きく変わると聞いたけれど何がどう変わるのだろう？」という人や、中には、「日本にいながら世界に通用する英語力をつけたい」と、将来も視野に入れている意欲的な人もいるかもしれません。

　現在、日本を取り巻く環境は、10年前と比べても大きく変わってきています。海外企業が日本に進出し、日本企業が海外でのビジネス活動を行う、まさにグローバル化が進行しています。そのような中、私たち日本人が、日本人のアイデンティティを保ちながら、世界各国の人々と向き合っていくためには、やはり世界共通語とも言える英語の習得が不可欠だと言えそうです。

　私は、英語を勉強する意義は、日本人として世界中の人たちとコミュニケーションを行うことだと思っています。ある人にとっては、ビジネスかもしれません。またある人にとっては、留学かもしれません。いずれにせよ、英語は言葉なので、どのようなシチュエーションであれ、使ってこそ価値があるものだと考えています。これは、私の自分勝手な主張ではなくて、2020年の大学入試改革を控えた現在の入試の動向からも、その考えは間違いではないと確信しています。

　そうした意味で考えると、英語そのものを研究対象として、一部の学者のみに支持される文法理論を頭に入れるというよりは、むしろスポーツや楽器と同じように、自由に使いこなせることを最終的な目標に置くということが非常に大切なのではないかと思います。

　本書では、さまざまなところで耳にすることが多いであろう興味深いトピックを厳選して問題集という形で作成しました。ぜひ、本文の内容そのものを楽しみながら「音読」をしたり、ライティングで使えそうな表現をピックアップして「暗記」をするなどして、本書を最大限まで有効活用してもらえれば、著者としてのこれ以上の喜びはありません。

　ぜひ、本当に役に立つ英語力、大学入試にとどまらない英語力をつけていってください！！

杉山　一志

本書の使い方

　本書は、リーディング1題とリスニング1題を1つのセットと考え、1週間で完結できるように7セット分を掲載しています。

　難関大学入試はもちろんTEAP試験などの外部入試にも出題される可能性が高いテーマの文章を多岐にわたる英文素材からバランス良く選んでいます。また、それぞれのセットのリーディングとリスニングで扱うテーマに関連性を持たせ、ある大きなテーマを様々な角度から見てもらうことによって、皆さんが英文をライティングしたりスピーキングしたりする際のアイデアも提供してくれることでしょう。

　ここでは、各講毎に収録されているリーディングパートとリスニングパートについて順を追って学習の進め方を説明しておきます。

[リーディング]

　まずは、何も見ないで20分程度で、本文のリーディングと設問の解答をおこなってください。それぞれの解答は、間違えた部分の解答や全文の和訳を参照しながら、リーズニング（解答の根拠付け）を行いましょう。また、語句リストを利用して、知らなかった単語は、必ずその時に覚えるようにしておきましょう。本書では、リーディングの文章にもプロのナレーションによる音声をCDに収録していますから、何度も聞いて、その音声を真似て、音読練習を行うと学習効果は倍増するでしょう。

[リスニング]

　まずは、リーディングと同様、英文を聞いて、答えを出してみましょう。問題を解く際に、英文を流す回数は、1度でも2度でも構いません。その後、すぐに答え合わせをするのではなく、その次のステップとして、ディクテーションにチャレンジしてみてください。全ての文章ではなくて、本書の空白の部分のみ集中して聞いて書き取ってみてください。このディクテーションでは、英文は何度聞いても構いません。そして、全文のスクリプトと照らし合わせながら、聞けなかった音をチェックしましょう。その後、もう一度、設問に戻り、解答を見ながら、リーズニング（解答の確認作業）を行ってください。最後は、リーディングと同様、CDを真似て音読練習をしたり、CDを日常的に繰り返し聞く習慣をつけるようにしましょう。

　では、本書を使って楽しく、本当に力のつく英語学習を始めていくことにしましょう。

Contents

DAY 1
Reading 8
Listening 10
Dictation Exercise / Script 11
Reading / 解答と解説・日本語訳 12
Listening / 解答と解説・日本語訳 15
語彙リスト 16

DAY 2
Reading 18
Listening 20
Dictation Exercise / Script 21
Reading / 解答と解説・日本語訳 22
Listening / 解答と解説・日本語訳 25
語彙リスト 26

DAY 3
Reading 28
Listening 30
Dictation Exercise / Script 31
Reading / 解答と解説・日本語訳 32
Listening / 解答と解説・日本語訳 35
語彙リスト 36

DAY 4
Reading 38
Listening 40
Dictation Exercise / Script 41
Reading / 解答と解説・日本語訳 42
Listening / 解答と解説・日本語訳 45
語彙リスト 46

DAY 5
Reading 48
Listening 50
Dictation Exercise / Script 51
Reading / 解答と解説・日本語訳 52
Listening / 解答と解説・日本語訳 55
語彙リスト 56

DAY 6
Reading 58
Listening 60
Dictation Exercise / Script 61
Reading / 解答と解説・日本語訳 62
Listening / 解答と解説・日本語訳 65
語彙リスト 66

DAY 7
Reading 68
Listening 70
Dictation Exercise / Script 70
Reading / 解答と解説・日本語訳 72
Listening / 解答と解説・日本語訳 75
語彙リスト 76

DAY 1 — Reading

Read the following passage and answer the questions.
(以下の文章を読んで以下の問いに答えなさい)

An old saying goes "Variety is the spice of life," which implies that life would be pretty boring without change to spice it up once in a while. Substitute "biodiversity" for "variety," and the saying becomes an apt catchphrase for the environmental movement.

But biodiversity is not just "spice." It is not just there to make life interesting, to give humans "fun stuff" to look at (though it does that, too). Biodiversity is essential to man's continued existence. In fact, the U.N. declared the decade from 2011 to 2020 the "Decade on Biodiversity." What, then, is biodiversity and why is it so vital? Simply put, biodiversity is the variety of life on Earth or in a region—all the millions of species of flora and fauna, of plants, animals, and microorganisms (bacteria and such). It is also the totality of genes in these species as well as the different ecosystems in which they live—deserts, forests, coral reefs, and so on.

So what difference does it make to our lives if a few of these species die out, or one ecosystem is destroyed? A lot, because as another old saying puts it, "We're all in the same boat." Looked at from a "big picture" point of view, the earth works like an incredibly complex organism in which every part—every species of plant and animal—is necessary. It is an intricate web of interactions and interdependencies that some environmentalists have dubbed "Gaia." When just one part vanishes, the organism doesn't function properly; it gets sick. Ecosystems with a high level of biodiversity are healthier and more stable. Biological variety protects ecosystems from environmental disturbances like floods or blight, and allows them to get back on their feet more quickly.

Humans, of course, depend on living things in all kinds of specific ways. Some are obvious like providing us with the basic resources we need to survive: wood for fuel and building, or fish for food, for example. Less obviously, chemicals produced by living things, especially in rainforests, are made into painkillers, antibiotics, and other medicines. Hundreds of different drugs derived from plant-based chemicals are now in use. And don't forget: nature provides engineers and scientists with examples of how things work. It shows us amazing materials and processes that we can study and emulate to invent materials and processes of our own that make our lives richer, healthier, safer — better. These are just a few examples of what the earth's biodiversity means to us. But they are enough to show us that its loss (and diversity is being lost every day) is "sickening" in every sense of the word.

flora and fauna 動植物　　**Gaia** 有機的組織としての地球

1. "Variety is the spice of life" suggests that -----.
    (A) we need new things to make life worth living
    (B) old sayings are worth learning and following
    (C) most people can't help living boring lives
    (D) cooking is a metaphor for all life

2. All of these are mentioned as part of the definition of biodiversity EXCEPT -----.
    (A) the many different living things on Earth
    (B) all the genes in all the earth's living things
    (C) the cells in the human body
    (D) the places where flora, fauna and microorganisms live

3. A diverse ecosystem is more stable and healthier because -----.
    (A) so many animal and plants species live "in the same boat"
    (B) it can recover more quickly after some trouble or disturbance
    (C) certain plant species in it will never die out and will keep it going
    (D) it never experiences floods, blight, or other environment phenomena

4. The main idea of paragraph 4 is that -----.
    (A) nature provides us with food, wood, and other materials
    (B) most medicines and drugs come from rainforests
    (C) biodiversity is essential to human life in numerous ways
    (D) nature is a good model for technology

5. What is the best title for the passage?
    (A) The Vital Role of "Biodiversity"
    (B) How Nature's Interdependencies Work
    (C) How Humans Have Made the World "Sick"
    (D) What Is Gaia?

解答欄

1. 　　　2. 　　　3. 　　　4. 　　　5.

DAY 1 *Listening*

Listen to the short talk and answer the following questions. 3
次の英文を聞いて以下の問いに答えなさい。

(1) Which of these conditions must a place meet to be called a "biodiversity hotspots"?
   ① It must have a large number of living things.
   ② It must cover a large area of the earth.
   ③ It must have a large human population.
   ④ It must contain several extinct species.

(2) What is implied about many international organizations and environmental groups?
   ① They are attempting to bring back extinct or lost species.
   ② They have given up on trying to protect the world's most biologically diverse regions.
   ③ They are doing all they can to make sure that biodiversity continues.
   ④ They are still trying to determine which areas of the earth should be classified as biodiversity hotspots.

解答欄

1. ☐   2. ☐

memo

Dictation Exercise
音声を聞いて、次の空欄に当てはまる語（句）を書き取りなさい。

① Certain regions of the earth—there are 34 of them around the world, in fact—have been dubbed "biodiversity hotspots." ② To be called a "hotspot," _____. ③ One, it must be extremely diverse in flora and fauna. ④ In other words, it must have especially _____. ⑤ And two, a hot spot must also be a place where humans have caused the most damage to and/or destruction of natural habitats. ⑥ These hotspots contain around 60 percent of all the plant and animal species found on Earth. ⑦ But at least 70 percent of their original species _____. ⑧ These regions are by far the most important for preserving and protecting biodiversity. ⑨ _____ are working very hard to do just that.

Script
リスニング問題の完全スクリプトです。何度もシャドーイングして、身につけよう！

① Certain regions of the earth—there are 34 of them around the world, in fact—have been dubbed "biodiversity hotspots." ② To be called a "hotspot," <u>a region must meet two conditions</u>. ③ One, it must be extremely diverse in flora and fauna. ④ In other words, it must have especially <u>high numbers of plant and animal species</u>. ⑤ And two, a hot spot must also be a place where humans have caused the most damage to and/or destruction of natural habitats. ⑥ These hotspots contain around 60 percent of all the plant and animal species found on Earth. ⑦ But at least 70 percent of their original species <u>have already been lost or become extinct</u>. ⑧ These regions are by far the most important for preserving and protecting biodiversity. ⑨ <u>Fortunately, many international organizations and environmental groups</u> are working very hard to do just that.

[Reading / 解答と解説]

1. A　　2. C　　3. B　　4. C　　5. A

1. 第1パラグラフの which から始まる部分に注目しましょう。"implies that life would be very boring without change to spice it up 〜" の部分で「生命は、スパイスとなる変化がなければ非常に退屈なものになってしまう」という内容になっていることから (A) が正解であることが分かります。(C) にあるように「most people（ほとんどの人々）の生活」について述べた文章ではありません。また (D) も同様に、「cooking（料理）」に関係する文章ではありません。spice だけを見て判断しないようにしましょう。

2. 第2パラグラフの Simply put から始まる文と次の It is also から始まる文が手掛かりになります。最初の文にある in a region の後ろにある —（ダッシュ）は、前に書かれているある部分を具体化したり、言い換えしたりする働きをします。ここでは、"the variety of life on Earth or in a region" を具体化しています。(C) の「人間の細胞」に関する記述はないことが分かります。

3. 選択肢の more stable and healthier に該当する部分は、第3パラグラフの下から3行目にあります。その次の文では、「生物多様性が、環境的な混乱から生態系を守り、回復を早める」という内容が述べられています。その部分と合致するのは (B) だけです。(A) の "in the same boat" は「同じ境遇にある」という意味で、ここでは「多様性のあるエコシステムが、より安定的で健全である」理由にはなりません。

4. 第4パラグラフの第1文目では、「人間が他の生物に依存している」という趣旨のことが述べられており、第2・第3・第4文目で、その内容を具体的に述べています。また、第5文目の Don't forget から始まる文では、「自然が研究の素材を提供している」という趣旨のことが述べられています。これらのことをまとめると、「人間が自然や生物から得ているメリット」が第4パラグラフで述べられているということが分かります。正解は(C)です。(A) の food や wood などは、自然が提供している多くの中の1つなので、パラグラフの要点にはなりません。(D) は technology が誤りです。

5. 第1パラグラフでは「生物多様性の定義」をし、第2パラグラフ以降は、生物多様性が人間にとってどれほど重要なのかという内容が述べられています。第2パラグラフの2行目には、"Biodiversity is essential to man's continued existence." と述べられています。また、問題4でもあったように、第4パラグラフでも、「人間にとっての必要不可欠な存在としての自然やそこに住む生物」について述べられていました。(B) と (C) では、共に how「どのように」の部分が述べられていないので誤りです。また (D) の "Gaia" は、第3パラグラフの6行目に出てきますが、この言葉の定義をした文章ではありません。

[Reading / 日本語訳]

[1] 古い格言に「多様性は、生命のスパイスである」とあるように、生命は、時どき、それに刺激を与えるための変化がなければ非常に退屈なものとなってしまうのかもしれない。"biodiversity" を "variety" と置き換えてみると良い、そうすれば、その格言は環境の動向に関する適切なキャッチフレーズとなる。

[2] しかし、多様性は、単なる「スパイス」ではない。それは、生命を興味深いものにし、人間に、（確かにそのとおりでもあるのだが）見るべき「面白いもの」を与えるためだけにそこにあるのではない。実際に、国連は、2011 年から 2020 年までの 10 年間を「生物多様性の 10 年」と宣言している。では、生物多様性とは何か、さらに、それがなぜそれほど重要なのだろうか。簡単に言うと、生物多様性とは、地球上や地域の生命の多様性であり、何百万もの動植物、つまり、植物や動物、そして（バクテリアなどの）微生物のことである。それは、それらが生活をする砂漠、森林、サンゴ礁などの異なった生態系のみならず、それらの種の遺伝子全体でもある。

[3] それでは、もしこれらの生物種が絶滅したり、1 つの生態系が破壊されてしまったら、私たちの生命には、どのような違いをもたらすのだろうか。非常に大きなものである、というのも、もう 1 つの格言に「私たちは、すべて同じ状況下にいる」というものがある。「大局的」見地から見られた場合、地球は、植物から動物に及ぶすべての生物種が必要としている信じられないくらい複雑な組織体のような働きをしている。それは、環境学者の中には、「ガイア」と呼ぶ者もいる複雑な相互関係や相互依存の網目である。ほんの一部が消えてしまったとき、その組織体は、適切に機能しなくなり、病に陥ってしまう。生物多様性の高いレベルを維持している生態系は、より健全であり、安定しているのである。生物的多様性は、洪水や植物が枯れるような環境を伴う混乱から生態系を保護しており、それらが、素早く回復することを可能にしてくれるのだ。

[4] 人間は、もちろん、あらゆる特別な点で生物に依存している。私たちが生き残るために必要な基本的な資源を提供してくれるような明らかなものもある。それは、例えば、燃料や建物のための木や、食料のための魚である。明らかでないものとして、特に、熱帯雨林の中で、生物によって生み出される化学物質は、痛み止めや抗菌剤、そして他の薬になる。現在、植物に根付いた化学物質から出来た何百種類もの薬は、利用されている。また、以下のことを忘れるべきではない。自然は、エンジニアや科学者たちに、物事がどのように機能しているかという例を与えてくれるのだ。それは、私たちが研究し、そして私たちの生活を豊かに、健康に、安全に、そしてより良くする素材や私たち自身の変化を見出すために、研究し、競い合うことを可能にする驚くべき素材や変化を示してくれるのだ。これらは、単に、地球の生物多様性が、私たちにとって意味のあるほんのわずかな例である。しかし、それらは、その喪失（そして多様性は、毎日失われつつある）は、その言葉のあらゆる意味において「うんざりさせる」ものであるということを示すには十分なものである。

[Reading 選択肢 / 日本語訳]

1. "多様性は生命のスパイス"は、----- ことを示唆する。
   (A) 私達は、生命を生きる価値のあるものにする新しいものを必要とする
   (B) 古い格言は、学び、従う価値がある
   (C) ほとんどの人々は退屈な生活を送らざるを得ない
   (D) 料理は、すべての生活の比喩である

2. これらの全ては、----- を除いて、生物多様性の定義の一部として述べられている。
   (A) 地球上にいる多くの異なった生き物
   (B) 地球上の全ての生き物の全ての遺伝子
   (C) 人間の体の細胞
   (D) 動植物や微生物が生きる場所

3. 多様性のあるエコシステムは、----- ので、より安定的で健全である。
   (A) 非常に多くの動物や植物種は、全て「同じ境遇に」ある
   (B) それは、問題や混乱の後、より素早く回復することができる
   (C) その中のある植物種は、決して絶滅しないで活動し続ける
   (D) それは洪水や植物の枯れ、または他の環境的な現象を決して経験しない

4. 第4パラグラフの要点は、----- ことである。
   (A) 自然は、食べ物や木材、そして他の素材を私たちに提供する
   (B) ほとんどの薬やドラッグは、熱帯雨林から生じている
   (C) 生物多様性は、数多くの点で、人間の生命に必要不可欠である
   (D) 自然は、科学技術の良いモデルである

5. 本文の主なタイトルは何か。
   (A)「生物多様性」の必要不可欠な役割
   (B) どのように自然の相互依存性が機能しているか
   (C) どのように人間は、世界を「病んだ」ものにしているか
   (D) ガイアとは何か

[Listening / 解答と解説]

(1) ①　　(2) ③

(1) 第②文目に "must meet two conditions"「２つの条件を満たさなければならない」とあります。第③文目の One から始まる文では、「動植物種に多様性がなければならない」と述べ、第⑤文目の And two から始まる文では、「人間がダメージを与えている場所でなければならない」とも述べられています。選択肢の①では１つ目の条件を満たしています。③の人間の人口が多いかどうかは条件ではありません。

(2) Fortunately「幸運なことに」から始まる最終文で、"international organizations and environmental groups" について述べられています。最終文は、プラスのイメージを持つ文であることが、fortunately から分かることに加えて、最後の "to do just that" は、その前の文で述べられている "preserving and protecting biodiversity" を指していることが理解できれば、これらの団体が、生物多様性を守る活動をしていることが分かります。また、①では、"bring back extinct and lost species"「絶滅した種を復活させる」という部分が誤りです。

[Listening / 日本語訳]

　地球上のいくつかの地域は、実際には世界中には 34 カ所あるのだが、「生物多様性のホットスポット」と呼ばれている。「ホットスポット」と呼ばれるためには、地域は、２つの条件を満たしていなければならない。１つは、それは非常に動植物の多様性を持っていなければならない。言い換えれば、それは、植物と動物の種において特に非常に多くの数を持っていなければならないのだ。そして、２つ目として、ホットスポットは、人間が自然生息環境に対して最も多くのダメージを与え、そして（または）、破壊をしているということである。これらのホットスポットは、地球上で見られる全ての植物や動物種の約 60％を含んでいる。しかし、少なくとも、もともと存在した種の 70％は、すでに失われてしまっているか、絶滅してしまっている。これらの地域は、生物多様性を保存し、保護していくために、断然、重要なものである。幸運にも、多くの国際的組織や環境保護グループは、まさにそれをするために非常に熱心に活動をしている。

(1) 以下のうち「生物多様性のホットスポット」と呼ばれるにふさわしい１つの条件は何か。
　① 非常に多くの生き物を持たなければならない。
　② 地球の広大な場所を覆っていなければならない。
　③ 多くの人間がいなければならない。
　④ いくつかの絶滅種を含んでいなければならない。

(2) 国際的な組織や環境グループについてどのようなことが示唆されているか。
　① それらは、絶滅したり、失われたりした種を取り戻そうとしている。
　② それらは、世界で最も生物的多様性のある地域を保護しようとすることを止めた。
　③ それらは、生物多様性が継続することを確実にするためにできる全てのことをしている。
　④ それらは、地球のどの地域が、生物多様性のホットスポットとして分類されるかを、依然として、決定しようとしている。

語彙リスト ------- Reading

[1]
- saying　（名詞）格言、ことわざ
- variety　（名詞）多様性
- spice　（名詞）スパイス
- imply　（動詞）ほのめかす
- pretty　（副詞）かなり、非常に
- boring　（形容詞）退屈させるような
- spice 〜 up　（熟語）〜を活気づける
- once in a while　（熟語）時おり
- substitute 〜 for …　（熟語）〜を…と交代する
- biodiversity　（名詞）生物的多様性
- apt　（形容詞）適切な
- catchphrase　（名詞）キャッチフレーズ
- environmental movement　（熟語）環境運動

[2]
- not just 〜　（熟語）〜のみではなく
- fun stuff　（熟語）面白いもの
- essential　（形容詞）必要不可欠な
- continued　（形容詞）継続した
- existence　（名詞）存在
- in fact　（熟語）実際に
- the U.N.　（名詞）国際連合
- declare　（動詞）宣言する
- decade　（名詞）十年
- vital　（形容詞）活発な
- simply put　（熟語）単純に言うと
- region　（名詞）地域
- millions of 〜　（熟語）何百万もの〜
- species　（名詞）生物種
- plant　（名詞）植物
- microorganism　（名詞）微生物
- bacteria　（名詞）バクテリア
- totality　（名詞）全体
- gene　（名詞）遺伝子
- as well as 〜　（熟語）〜もまた
- different　（形容詞）異なった
- ecosystem　（名詞）生態系
- desert　（名詞）砂漠
- forest　（名詞）森林
- coral reef　（名詞）珊瑚礁
- and so on　（熟語）など

[3]
- difference　（名詞）違い
- die out　（熟語）絶滅する
- destroy　（動詞）破壊する
- an old saying puts it　（熟語）古い諺が述べる
- in the same boat　（熟語）同じ境遇にある
- a point of view　（熟語）観点
- big picture　（熟語）全体の背景
- incredibly　（副詞）信じられない
- complex　（形容詞）複雑な
- organism　（名詞）有機物
- part　（名詞）一部
- necessary　（形容詞）必要な
- intricate　（形容詞）複雑な
- web　（名詞）（複雑な）関係
- interaction　（名詞）相互作用
- interdependency　（名詞）相互依存
- environmentalist　（名詞）環境保護主義者
- dub　（動詞）（ニックネームで）呼ぶ
- vanish　（動詞）消える
- function　（名詞）機能
- properly　（副詞）適切に
- stable　（形容詞）安定した
- biological　（形容詞）生物学の
- protect　（動詞）保護する
- disturbance　（名詞）混乱
- flood　（名詞）洪水
- blight　（名詞）障害、（植物の）枯れ

Vocabulary List — Day 1

- [ ] allow ～ to V原　（熟語）～が V するのを許す
- [ ] get back on one's feet　（熟語）one が立ち直る

[4]
- [ ] depend on ～　（熟語）～に依存する
- [ ] kinds of ～　（熟語）～の種類
- [ ] specific　（形容詞）特定の
- [ ] obvious　（形容詞）明らかな
- [ ] providing ～ with …　（熟語）～に…を与える
- [ ] resource　（名詞）資源
- [ ] survive　（動詞）生き残る
- [ ] wood　（名詞）木材
- [ ] fuel　（名詞）燃料
- [ ] chemical　（名詞）化学物質
- [ ] produce　（動詞）生み出す
- [ ] especially　（副詞）特に
- [ ] rainforest　（名詞）雨林
- [ ] are made into ～　（熟語）～に作り変えられる
- [ ] painkiller　（名詞）痛み止め
- [ ] antibiotics　（名詞）抗生物質
- [ ] medicine　（名詞）薬
- [ ] drug　（名詞）薬
- [ ] derive ～ from …　（熟語）～を…から生じさせる
- [ ] plant-based　（形容詞）植物に基づいた
- [ ] nature　（名詞）自然
- [ ] engineer　（名詞）エンジニア
- [ ] scientist　（名詞）科学者
- [ ] amazing　（形容詞）驚くべき
- [ ] material　（名詞）物質
- [ ] process　（名詞）プロセス，過程
- [ ] emulate　（動詞）競う
- [ ] sickening　（名詞）病気になること
- [ ] in ～ sense　（熟語）～の意味で

語彙リスト ------ Listening

- [ ] certain　（形容詞）いくつかの
- [ ] region　（名詞）地域
- [ ] around the world　（熟語）世界中で
- [ ] in fact　（熟語）実際に
- [ ] dub　（動詞）呼ぶ
- [ ] biodiversity　（名詞）生物多様性
- [ ] hotspot　（名詞）ホットスポット
- [ ] meet　（動詞）（条件などを）満たす
- [ ] condition　（名詞）条件
- [ ] extremely　（副詞）非常に
- [ ] diverse　（形容詞）多様性のある
- [ ] flora　（名詞）植物相
- [ ] fauna　（名詞）動物相
- [ ] in other words　（熟語）言い換えれば
- [ ] especially　（副詞）特に
- [ ] numbers of ～　（熟語）数多くの～
- [ ] species　（名詞）生物種
- [ ] place　（名詞）場所
- [ ] cause　（動詞）引き起こす
- [ ] damage　（名詞）ダメージ
- [ ] destruction　（名詞）破壊
- [ ] natural　（形容詞）自然の
- [ ] habitat　（名詞）生息地
- [ ] contain　（動詞）含む
- [ ] at least　（熟語）少なくとも
- [ ] original　（形容詞）元々の
- [ ] extinct　（形容詞）絶滅した
- [ ] by far　（熟語）（最上級の前で）ずば抜けて
- [ ] preserve　（動詞）保存する
- [ ] protect　（動詞）保護する
- [ ] fortunately　（副詞）幸運にも
- [ ] international　（形容詞）国際的な
- [ ] organization　（名詞）組織
- [ ] environmental　（形容詞）環境的な
- [ ] group　（名詞）グループ、集団

DAY 2

Reading

Read the following passage and answer the questions.
(以下の文章を読んで以下の問いに答えなさい)

  Humans find themselves in dire straits as far as the environment is concerned. Cynics and misanthropes would say it's what we deserve. The earth would be better off without us. Then there are those who tell us that it's not as bad as it seems, that "greens" are prone to exaggeration and spread fear unnecessarily. But even if that were partly true (and I don't think it is), evidence and common sense tell us that we and Mother Earth are in trouble.

  But we've also seen another kind of evidence—that when we put our mind to it, we can change. We can muster up the conviction and ingenuity to try to undo the harm we've done and to stave off further damage. But are recycling and seed banks and emission limits enough? Probably not. What's needed are breakthroughs—in science and technology, of course. But in ways of thinking, too.

  Like it or not, we live in a capitalist world. Profit is what it's all about. And while individuals are also to blame, it's the corporations and their marketing strategies that are the real culprits behind the fix we're in. There's a lot of talk these days about corporate social responsibility, about making big business more accountable to the environment and the community at large. And to a certain extent <u>it's happening</u>: The example of A.A.P. of Indonesia has shown us that by putting enough pressure on even the most mercenary companies, we can make them rethink and reform. But appealing to companies' conscience can't always be expected to make them "go green." As Dennis Weaver quipped: "When we realize we can make a buck cleaning up the environment, it will be done." So a wiser strategy would be to convince business that it needs to change its thinking. It needs to see that a clean, efficiently running, sustainable environment is the best way these days to "make a buck."

  Forbes believes it's a change in thinking that most businesses have already made. The magazine recently carried an article outlining technological developments in a wide range of fields. These advances are no longer being made in university or government labs alone, says *Forbes*; they are being made mostly by entrepreneurs who "think outside the box." Progress in environmental technology will "allow us to go from battling over scarce resources to debating how to share and distribute the bounty that we create." Of course, entrepreneurs are in it for the "buck": that's the very definition of a forward-looking entrepreneur. But at the same time, claims *Forbes*, forward-looking entrepreneurs are solving "humanity's grand challenges." In fact, they are our best hope for the future. So, suggests *Forbes*, we should leave them alone and let them "get to it." We'll see.

in dire straits 八方ふさがりで misanthropes 人間嫌いの人

1. It can be assumed that the author -----.
    (A) totally agrees with those people who say human beings are naturally bad and deserve the terrible situation they have created
    (B) doesn't really think that human beings and the environment are in a big trouble
    (C) thinks the "greens" have the right idea
    (D) is prone to regard science and technology as only harmful and destructive
2. There is some evidence, says the author, that -----.
    (A) people can make up for past mistakes if they truly decided to do so
    (B) it will be impossible to prevent further environmental destruction
    (C) recycling, seed banks, and reducing emissions will in the end save us and Mother Earth from disaster
    (D) the real problem does not lie in humans' ways of seeing the world
3. The underlined phrase "it's happening" in paragraph 3 mainly refers to -----.
    (A) how evil the capitalist world is and always will be
    (B) realizing that it is individuals who are primarily responsible for all the world's environment problems
    (C) getting businesses and corporations to develop better marketing strategies to increase their profits
    (D) making the concept of corporate social responsibility come true
4. In paragraph 4, Forbes makes all of the following statements and predictions EXCEPT -----.
    (A) universities and governments can no longer be counted on to come up with the kind of technological advances we need
    (B) "thinking outside the box" is only practiced by businessman and entrepreneurs and is unfortunately found nowhere else these days
    (C) technological advances will make it possible for the world to have all the resources it needs
    (D) forward-looking entrepreneurs should be allowed to tackle "humanity's grand challenges" despite the fact that they are doing so with making a profit in mind
5. What is the best title for the passage?
    (A) Corporate Social Responsibility
    (B) The Individual Is Not to Blame!
    (C) Are Creative Entrepreneurs the New Environmental Heroes?
    (D) Rethink, Reform, Recover

解答欄

| 1. | 2. | 3. | 4. | 5. |

DAY 2   *Listening*

Listen to the short talk and answer the following questions. 5
次の英文を聞いて以下の問いに答えなさい。

(1) Which of these is NOT mentioned as a cause of a possible serious water shortage?
　① the growing popularity of bottled water
　② over-use of underground water sources
　③ pollution of underground water sources caused by farming practices
　④ higher atmospheric temperatures leading to drought

(2) What might most people be worried about in regard to Texas's new technology?
　① the high cost of the recycling plant
　② whether the resulting water is safe to drink
　③ the supply of waste water
　④ whether Texas officials really understand the new technology

(3) What is the main idea of the talk?
　① That a possible water shortage is making water conservation increasingly important.
　② That water scientists are pessimistic about Earth's future.
　③ That technology will solve all our water-shortage problem.
　④ That even an organization like NASA is helping to prevent the water crisis.

解答欄

1.　　　2.　　　3.

memo

Dictation Exercise

音声を聞いて、次の空欄に当てはまる語（句）を書き取りなさい。

 5

① One everyday ecology topic we haven't touched on yet is fresh or drinking water, which many people think will be *the* environmental issue of the coming years. ② International water scientists warn that _____ _____. ③ Our precious underground water sources are at risk from over-extraction (using too much) and pollution from the fertilizers and pesticides used on farms. ④ _____ _____. ⑤ That's why water conservation is becoming increasingly important. ⑥ What can be done? ⑦ Some pretty serious steps are being taken. ⑧ In Texas, in the United States, a huge water recycling plant is turning wastewater from homes (that is, from toilets) into drinking water. ⑨ Officials say this so-called potable-reuse technology is perfectly safe. ⑩ _____ _____ to take the water out of showering and bathing. ⑪ It's a product called DryBath, a gel that does the work of water and soap. ⑫ And according to *Discovery* magazine, the National Aeronautic and Space Administration, NASA, has an even more far-out idea. ⑬ __ _____ trapped in deep freezes at the moon's poles.

Script

リスニング問題の完全スクリプトです。何度もシャドーイングして、身につけよう！

① One everyday ecology topic we haven't touched on yet is fresh or drinking water, which many people think will be *the* environmental issue of the coming years. ② International water scientists warn that <u>Earth could soon face a serious water shortage</u>. ③ Our precious underground water sources are at risk from over-extraction (using too much) and pollution from the fertilizers and pesticides used on farms. ④ <u>Global warming and drought are other culprits</u>. ⑤ That's why water conservation is becoming increasingly important. ⑥ What can be done? ⑦ Some pretty serious steps are being taken. ⑧ In Texas, in the United States, a huge water recycling plant is turning wastewater from homes (that is, from toilets) into drinking water. ⑨ Officials say this so-called potable-reuse technology is perfectly safe. ⑩ <u>Meanwhile, a South African inventor has come up with a way</u> to take the water out of showering and bathing. ⑪ It's a product called DryBath, a gel that does the work of water and soap. ⑫ And according to *Discovery* magazine, the National Aeronautic and Space Administration, NASA, has an even more far-out idea. ⑬ <u>It has plans to make water on the moon by pumping up water</u> trapped in deep freezes at the moon's poles.

[Reading / 解答と解説]

1. C　　2. A　　3. D　　4. B　　5. C

1. 本文全体を通して考えさせる問題です。特に、第1パラグラフの4行目の "and I don't think it is" の部分から、筆者は、環境問題への意識は、決して誇張されたものではないと考えていることが分かります。第2パラグラフでは、環境問題への取り組みが良い変化をもたらすということが述べられており、第3パラグラフと第4パラグラフでは、それぞれ、その具体案が述べられています。

2. 第2パラグラフの1行目の "another kind of evidence 〜 we can change." の部分に合致します。evidence の後ろに置かれている that は同格と呼ばれ、evidence（証拠）の具体的な内容を説明をしています。evidence that S V「S が V する証拠」で覚えておくようにしましょう。(B) は impossible が使われており、本文と反対の意味になっています。(C) は、第2パラグラフ3行目と4行目の部分で、recycling, seed banks, emission limits の3つだけでは十分でないと述べられているので誤りです。また、(D) は、第2パラグラフの最終文で「考えることの必要性」も述べているので誤りです。

3. 後ろにある：（コロン）に注目をしましょう。コロンは、前に書かれている内容を具体的に述べたり、言い換えたりする働きをします。また、下線部分の it が指している内容も合わせて考えるようにしましょう。指示語の it は前文の "corporate social responsibility"「企業の社会的責任」を指しています。また、先ほどのコロン以降では、"make them rethink and reform"「彼ら（企業）に再考させて、改革をさせる」と述べられていることから、下線部分は、「企業に環境に対する責任を持たせる」という内容であることが分かります。(A) は、本文の趣旨とは異なっています。(B) は、individuals（個人）が誤りです。(C) は、to increase 〜 profits「利益を高めるため」の部分が誤りです。

4. *Forbes* 誌が述べている内容について正しく述べられていないものを選ばせる問題です。(A) では、「大学や政府やもはや頼りになる存在ではない」という趣旨のことが述べられており、本文では第4パラグラフの3行目の "These advances 〜 alone" までに合致します。また、(C) は、第4パラグラフの5行目〜6行目で、「技術の進歩がもたらす可能性」について述べられています。選択肢の部分に合致するのは、6行目の "how to share and distribute 〜 we create" です。選択肢 (D) は、「起業家たちは、利益追求とは別に、人類の課題に立ち向かうことが許されるべき」という趣旨が述べられています。第4パラグラフの6行目の "Of course, 〜 ." と次の文の "But at the same time 〜 ." の部分で、起業家たちは、「利益追求」と「環境への取り組み」への役割が述べられています。"buck" は、"money" を表す語です。

5. タイトルを考えさせる問題です。本文は、「環境問題の取り組みと起業家の役割」について述べた文章なので (C) が正解です。(A) は、「環境における取り組み」という最も大切な語が含まれていません。また (B) は、「個人」については深く述べられていません。(D) は「見直し、改善、回復」のそれぞれが具体的に何を指すのかがはっきりしないため誤りです。

[Reading / 日本語試訳]

[1] 人間は、環境に関する限り、ひどい苦境にいると気づいている。皮肉屋や人間嫌いの人々は、私たちにふさわしいものだと言うだろう。地球は、私たちがいなければもっとうまくいく。そして、見かけほど悪くはなく、「環境問題重視」は誇張される傾向があり、不必要に恐怖を広げると語る者もいる。しかし、たとえそれが部分的に正しい（私はそうだとは思わない）にしても、証拠や良識は、私たちと母なる地球はトラブルの最中にあることを教えてくれる。

[2] しかし、私たちは、別の種類の証拠も目の当たりにしている。つまり、私たちがそれに対して注意を払うとき、私たちは変わることができるということだ。私たちがおよぼしてきた害を解決し、さらなるダメージをなくそうとする決意と創意工夫を結集させることができる。しかし、リサイクルや種子バンクや排出量制限は十分なのであろうか。おそらく、そうではない。必要とされるものは、現状打破であり、もちろん科学と技術の中に存在する。しかし、考え方の中にもある。

[3] 好もうとそうでなかろうと、私たちは資本主義社会に生きている。利潤が、その全てである。そして、個人にも責任がある一方で、私たちが陥っている苦境の裏にいる本当の犯人とは、企業であり、それらの市場の戦略である。最近、企業の社会的責任、大企業が概して周囲や地域社会に対して、より説明責任があるということについて多くの議論がなされている。そして、ある程度までは、それは起こっている。例えば、インドネシアのA.A.Pの例は、利益追求が第一の企業に十分な圧力をかけることにより、私たちは、彼らに再考や改定を強いることができるということを示している。しかし、企業の良識に訴えることで、必ずしも彼らが「環境に優しく」なるということを期待することはできない。Dennis Weaver氏は「私たちが、環境を良くすることでお金を儲けることができると理解したとき、それが実行される」と皮肉を言った。だから、より懸命な戦略は、ビジネスがその考えを変える必要があるということを確信させることなのだ。それは、清潔で、効率的に運営され、維持できる環境が、今日の「お金を稼ぐ」ための最も良い方法であると確認することを必要とする。

[4] *Forbes*誌は、ほとんどのビジネスがすでにしているのは考え方における変化だと信じている。雑誌は、最近、幅広い分野での科学技術の発達の概要をまとめた記事を持ち出した。これらの進歩は、もはや大学や政府の研究所のみでなされているのではないと*Forbes*誌は語る。そして、それらは、「既存の枠組みに捕われず考える」起業家たちによってほとんどがなされている。環境技術の発展は、「私たちが、乏しい資源で競争し、私たちが生み出す利益を共有し、配分する方法を議論するということを可能にする」のである。当然のことであるが、起業家たちは、「お金」のために、その最中にいる。つまり、それは前を向いている起業家たちのまさに定義である。しかし、同時に、*Forbes*誌は、前を向いている起業家たちは、「人類の大きな困難」を解決していると主張する。実際、彼らは未来に対する私たちの最も素晴らしい希望なのだ。だから、*Forbes*誌は、私たちは彼らをそっとしておいて、「それにたどり着く」ことを可能にしてやるべきだと指摘している。私たちにも今に分かるだろう。

[Reading 選択肢 / 日本語訳]

1. 筆者は ----- ことが、推測される。
   (A) 人間は元々悪であり、自分たちが生んだひどい状況に責任を負うべきと言う人々に完全に同意している
   (B) 人間と環境は、大きな問題の最中にいるとは思っていない
   (C)「緑化」というのは正当な考えだと思っている
   (D) 科学や技術が、単なる有害で破壊的なものであると見なされる傾向がある

2. 筆者は、----- 可能性があると語っている。
   (A) 人々は、彼らが決心すれば過去の過ちを正すことができる
   (B) さらなる環境破壊を避けることは難しい
   (C) リサイクルや種子バンク、排出量制限は最終的に我々と母なる地球を災害から救う
   (D) 本当の問題は人間の物の見方の中にない

3. 第3段落の下線部 "it's happening" は、主として ----- について述べている。
   (A) 資本主義世界がどれほど悪いものであるか、そうあり続けるか
   (B) 世界の環境問題の責任が主に個人にあることを認識すること
   (C) 企業に利益を増やすためのより良い市場戦略をとるようにさせること
   (D) 企業の社会的責任という概念を実現すること

4. 第4パラグラフで *Forbes* 誌は、----- を除いた次の言及や予想をしている。
   (A) 大学や政府は、もはや必要な技術発展の役割を果たしていない
   (B)「既存の枠組みに捕らわれず考える」はビジネスマンや起業家の間でのみ実践され、今日それ以外の場所では不幸にも見られない
   (C) 技術発展は世界中で必要とされる資源を補うことを可能とするかもしれない
   (D) 前を向いている起業家たちは利益を生むことを考えながらも「人類の大きな困難」に取り組む使命を与えられている

5. 本文の主なタイトルは何か。
   (A) 企業の社会的責任
   (B) 個人に責任はない！
   (C) 創造的な起業家は新しい環境問題への英雄か？
   (D) 見直し、改善、回復

[Listening / 解答と解説]

(1) ①   (2) ②   (2) ①

(1) 深刻な水不足の原因として述べられているものを確認していきましょう。②は、第3文目の "over-extraction（using too much）" に合致します。③は、第3文目の "pollution 〜 used on farms" の部分に合致しています。④は、第4文目の "Global warming and drought 〜 culprits" に合致します。①の bottled water については述べられていません。

（2）テキサスの新しい技術についての説明の部分（特に、Texas）が出てきたら集中して聞くようにしましょう。第8文目と第9文目から答えを導き出すことができます。設問では助動詞の might が用いられています。might は低い可能性を表す時に用います。本文では直接的には述べられていませんが、これらの2つの文章から、「水の安全性」について懸念していることを推測することができます。

（3）趣旨を聞き取る必要があります。このパッセージの趣旨は、「新鮮な水が不足する」という問題点と「その対応策」です。②では、pessimistic（悲観的な）とありますが、解決策が挙げられていることから考えて誤りになります。③は all が誤りです。④では「NASA の対応策」について述べられており、パッセージにも NASA が水不足の対応策を検討しているとありますが、パッセージの趣旨ではありません。

[Listening / 日本語訳]

　まだ私たちが触れていない、ある毎日の生態学におけるトピックは、真水または飲料用の水であり、多くの人々は、これから数年での環境問題になるだろうと考えているだろう。国際的な水に関する科学者たちは、地球はまもなく深刻な水不足に直面する可能性があると警告している。私たちの貴重な地下水資源は、過度な抽出（過度な利用）や農場で使われる化学肥料や殺虫剤からの汚染の危険性がある。地球温暖化や干ばつは、別の犯人である。そのことが、水の保護がますます重要になってくる理由である。何をすることが出来るのだろうか。ある非常に重要な策は講じられている。アメリカのテキサスでは、水をリサイクルする巨大な工場が、家庭からの汚染水（つまりトイレからの）を飲料水に変えている。役人たちは、この運搬可能な再利用技術は、間違いなく安全であると語っている。一方で、南アフリカの発明家は、シャワーを浴びたり、入浴をしたりすることから水を取り出す方法を考案している。それは、水や石けんの働きをするジェルであり、DryBath と呼ばれている製品である。そして、*Discover* 誌によれば、航空宇宙局 NASA は、さらに斬新なアイデアを持つ。それは、月の極地で深く凍って閉じ込められている水をくみ上げることによって月面に水を作り出すという計画である。

（1）深刻な水不足の原因として述べられていないのは次のうちどれか。
　　① ボトル詰めされた水の高まる人気　　② 地下水源の過度な利用
　　③ 農業に伴う地下資源の汚染　　　　　④ 干ばつを引き起こす高い大気の温度

（2）テキサスの新技術について人々が最も心配するであろうことは何か。
　　① 再生工場の高い費用
　　② できあがった水が安全に飲めるのかどうか
　　③ 汚染水の供給
　　④ テキサスの役人が本当に新しい技術を理解しているのかどうか

（3）この話の趣旨は何か。
　　① 将来の水不足は水の保護をますます重要なものにしている。
　　② 水の科学者は地球の将来に悲観的である。
　　③ 技術はすべての水不足問題を解決するだろう。
　　④ NASA のような組織でさえ水の危機を防ごうとしている。

語彙リスト ------ Reading

[1]
- cynics （名詞）皮肉屋
- exaggeration （名詞）誇張
- spread （動詞）広がる
- fear （動詞）恐れる
- unnecessarily （副詞）不必要に
- even if S V （構文）例えSがVしたとしても
- partly （副詞）部分的に
- evidence （名詞）証拠
- common sense （熟語）常識
- Mother Earth （熟語）母なる地球
- be in trouble （熟語）問題に巻き込まれて

[2]
- put one's mind to ～ （熟語）～に全力を傾ける
- muster up ～ （熟語）～を終結させる
- conviction （名詞）信念、確信
- ingenuity （名詞）創意工夫
- undo （動詞）緩める
- harm （名詞）害
- stave off ～ （熟語）～を遮断する
- further （形容詞）さらなる
- damage （名詞）ダメージ
- recycling （名詞）リサイクル
- seed bank （熟語）種子バンク
- emission （名詞）排出
- limit （名詞）制限
- probably （副詞）おそらく
- breakthrough （名詞）突破口
- science and technology （熟語）科学技術

[3]
- like it or not （熟語）好きであろうとなかろうと
- capitalist （名詞）資本主義者
- profit （名詞）利益
- what S is all about （構文）Sに関する全てであるもの
- individual （形容詞）個人の
- be to blame （熟語）責任がある
- corporation （名詞）企業
- marketing strategy （熟語）販売戦略
- culprit （名詞）罪人、犯罪者
- fix （名詞）苦境
- corporate （形容詞）企業の
- social responsibility （熟語）社会的責任
- accountable （形容詞）説明できる
- community （名詞）コミュニティ
- at large （熟語）概して
- to ～ extent （熟語）～の程度
- certain （形容詞）ある
- put pressure on ～ （熟語）～にプレッシャーをかける
- mercenary （形容詞）金銭目当ての
- rethink （動詞）考え直す
- reform （動詞）改良する
- appeal to ～ （熟語）～に訴えかける
- conscience （名詞）良心
- not always ～ （熟語）必ずしも～ではない
- be expected to V原 （熟語）Vすることが予期される
- quip （動詞）皮肉を言う
- buck （名詞）1ドル
- wise （形容詞）賢明な
- convince ～ that S V （構文）～にSがVすることを確信させる
- efficiently （副詞）能率的に
- sustainable （形容詞）維持できる

[4]
- *Forbes* （名詞）フォーブス誌
- magazine （名詞）雑誌
- recently （副詞）最近では
- article （名詞）記事
- outline （動詞）概要を述べる
- technological （形容詞）技術的な
- development （名詞）発達
- a wide range of ～ （熟語）広範囲の
- advance （名詞）発達
- no longer ～ （熟語）もはや～でない
- university （名詞）大学

- [ ] government lab (熟語) 政府研究室
- [ ] mostly (副詞) 大抵において
- [ ] entrepreneur (名詞) 起業家
- [ ] progress (名詞) 進歩
- [ ] allow ～ to V原 (熟語) ～がVするのを許す
- [ ] battle over ～ (熟語) ～で争う
- [ ] scarce (形容詞) 乏しい
- [ ] resource (名詞) 資源
- [ ] debate (名詞) 議論
- [ ] share (動詞) 共有する
- [ ] distribute (動詞) 分配する
- [ ] bounty (名詞) 報奨金
- [ ] definition (名詞) 定義
- [ ] forward-looking (形容詞) 前向きな考えを持つ
- [ ] at the same time (熟語) 同時に
- [ ] humanity (名詞) 人類
- [ ] grand (形容詞) 大きな
- [ ] challenge (名詞) 挑戦
- [ ] in fact (熟語) 実際に
- [ ] leave ～ alone (熟語) ～を放っておく
- [ ] let ～ V原 (熟語) ～がVするのを可能にする

語彙リスト ------ Listening

- [ ] ecology (名詞) 生態学
- [ ] topic (名詞) トピック
- [ ] touch on ～ (熟語) ～に（議論の中で）触れる
- [ ] fresh water (熟語) 真水、新鮮な水
- [ ] drinking water (熟語) 飲み水
- [ ] environmental (形容詞) 環境の
- [ ] issue (名詞) 問題（点）
- [ ] coming (形容詞) 今後の
- [ ] international (形容詞) 国際的な
- [ ] scientist (名詞) 科学者
- [ ] warn (動詞) 警告する
- [ ] face (動詞) 直面する
- [ ] serious (形容詞) 深刻な
- [ ] water shortage (熟語) 水不足

- [ ] precious (形容詞) 貴重な
- [ ] underground water (熟語) 地下水
- [ ] source (名詞) 源
- [ ] at risk (熟語) 危険にあって
- [ ] over-extraction (名詞) 過度の抽出
- [ ] pollution (名詞) 汚染
- [ ] fertilizer (名詞) 化学肥料
- [ ] pesticide (名詞) 殺虫剤
- [ ] farm (名詞) 農場
- [ ] global warming (熟語) 地球温暖化
- [ ] drought (名詞) 干ばつ
- [ ] culprit (名詞) 犯人
- [ ] conservation (名詞) 自然保護
- [ ] increasingly (副詞) ますます
- [ ] pretty (副詞) かなり
- [ ] step (名詞) 策、ステップ
- [ ] turn ～ into … (熟語) ～を…に変える
- [ ] official (形容詞) 公式の
- [ ] so-called (形容詞) いわゆる
- [ ] potable-reuse (名詞) 運搬利用
- [ ] technology (名詞) 科学技術
- [ ] perfectly (副詞) 完全に
- [ ] safe (形容詞) 安全な
- [ ] meanwhile (副詞) 一方で
- [ ] inventor (名詞) 発明
- [ ] come up with ～ (熟語) ～を考え出す
- [ ] shower (動詞) シャワーを浴びる
- [ ] bathe (動詞) 入浴する
- [ ] product (名詞) 製品
- [ ] gel (名詞) ジェル
- [ ] soap (名詞) 石けん
- [ ] according to ～ (熟語) ～によれば
- [ ] far-out (形容詞) 斬新な
- [ ] moon (名詞) 月
- [ ] pump up ～ (熟語) ～をくみ上げる
- [ ] trap (動詞) 閉じ込める
- [ ] freeze (名詞) 凍結
- [ ] pole (名詞) 極地

Vocabulary List　Day 2

27

DAY 3 — Reading

Read the following passage and answer the questions.
(以下の文章を読んで以下の問いに答えなさい)

In technical sociological terms, socializing, or socialization, refers to the process by which we learn how to function in society. Through this process we develop an awareness of social *norms* (guidelines for how to behave in specific social situations); *customs* (traditional ways of doing things); and *values* (beliefs about what is right or wrong). Through socialization we also achieve a sense of ourselves as distinct individuals—of our personal identity. Although socialization by and large takes place during our formative years (infancy, childhood, and adolescence), it is to a certain extent a life-long process.

In everyday terms, however, to socialize simply means to mingle socially with other people. It means making friends, getting along with classmates and colleagues, going out to pubs and parties. In other words, socializing plays a crucial role in all our lives. Just how important a role it plays has been underscored by several recent sociological and neurological research projects. One, carried out by social scientists and psychologists at the University of Michigan, has found that socializing actually makes us smarter. The authors of the study, who published their findings in the *Personality and Social Psychology Bulletin*, conclude that frequent social interaction exercises people's brains, giving us "higher levels of cognitive performance."

A follow-up University of Michigan study has found that certain kinds of socializing are better than others when it comes to increasing mental function. Talking with people in a friendly, getting-to-know-each-other way gives the brain's executive function—its memory, self-reflection, and concentration skills—a boost and makes it easier for us to solve the problems of everyday life. Conversations that are competitive or antagonistic in nature, on the other hand, show no such benefits. As one researcher explained it to *ScienceDaily*: "Mental performance boosts come about because friendly social interactions induce people to try to read others' minds and take their perspectives on things."

And it turns out that chatting with friends and mixing it up at parties has other important benefits as well: research conducted at Rush University shows that frequent socializing helps hold off mental decline in old age. What's more, or so say sociologists at the University of Maryland, people who think of themselves as unhappy in life spend an inordinate amount of time alone in front of the TV set, for example, while people who look upon themselves as happy and content spend a good deal of time socializing.

1. As we learn how to function in society, we become more familiar with all of these EXCEPT -----.
    (A) guidelines for how to act in various social settings
    (B) beliefs about what is right and wrong
    (C) how things have been done traditionally
    (D) various self-help ideas on how to achieve our individuality and identity

2. The University of Michigan psychologists have found that socializing makes us smarter by -----.
    (A) "exercising" the brain so that it stays in good condition
    (B) making it possible for us to develop a new personality
    (C) increasing our knowledge of how the world works
    (D) allowing us to mingle with more intelligent people

3. One researcher at the University of Michigan thinks friendly conversations as opposed to competitive conversations improve mental performance -----.
    (A) by making us more self-confident
    (B) by making us less antagonistic
    (C) by helping us to see the world through the eyes of others
    (D) by increasing our overall popularity

4. The University of Maryland study suggests that -----.
    (A) television is the best way to make unhappy people feel happy
    (B) the more time we spend socializing the happier we are
    (C) no one who spends time alone can ever be truly happy
    (D) watching too much TV can lower cognitive performance

5. Which of these best sums up the main idea of the passage?
    (A) The definition of socializing differs depending on whether it is used technically or in everyday usage.
    (B) Though we tend to think childhood is the time for socialization, studies show that the process continues all our lives—even into old age.
    (C) Memory, self-reflection, and concentration skills are all part of the brain's executive function.
    (D) Studies now show how important a role socializing plays in making us not only happier but also in improving our mental capacity and performance.

解答欄

1.   2.   3.   4.   5.

DAY 3　　　　　　　　　　　　　　　　　　　　　　*Listening*

Listen to the following short talk and answer the questions.
次の英文を聞いて以下の問いに答えなさい。

(1) What have researchers in Boston speculated?
　① That the amygdala controls our emotions.
　② That socializing is controlled by the emotions.
　③ That some people's amygdala is larger than others'.
　④ That a larger amygdala may improve a person's socializing skills.

(2) What question have the Boston researchers still not answered?
　① Why are some people's amygdala's bigger?
　② Why does the amygdala control socializing?
　③ Do some people naturally have a bigger amygdala and thus are better socializers, or do they increase the size of their amygdala by being good at socialization?
　④ Do neurological studies using brain-scan technology really have the ability to measure amygdala size and to draw conclusions about the amygdala's role in increasing socializing skills?

解答欄

1. ☐　　2. ☐

memo

Dictation Exercise

音声を聞いて、次の空欄に当てはまる語（句）を書き取りなさい。

 7

① The amygdala is the part of the brain _____ _____. ② Researchers in Boston who conducted neurological studies using brain-scan technology now say that people with a larger than usual amygdala may be better at socializing. ③ _____ _____ with a bigger amygdala or if their amygdala gets bigger because they do a lot of socializing.

Script

リスニング問題の完全スクリプトです。何度もシャドーイングして、身につけよう！

① The amygdala is the part of the brain <u>that is important for socializing and dealing with the emotions</u>. ② Researchers in Boston who conducted neurological studies using brain-scan technology now say that people with a larger than usual amygdala may be better at socializing. ③ <u>But the researchers aren't yet sure if people who are good at socializing are born</u> with a bigger amygdala or if their amygdala gets bigger because they do a lot of socializing.

31

[Reading / 解答と解説]

1. D　　2. A　　3. C　　4. B　　5. D

1. 社会生活の営み方を学ぶにつれて、精通してくることに関する問いです。第1パラグラフの2行目の Through this process から始まる文に、列挙されています。(A) の social settings は本文中の "social situations" に言い換えられています。また (B) は *values*（beliefs about what 〜 wrong）の部分に合致します。また、(C) は、*customs*（traditional ways of 〜）に合致します。(D) に該当するものはありません。

2. University of Michigan psychologists は、第2パラグラフの5行目の "One, carried out 〜" から始まる文に出てきます。次の文の The authors から始まる文の "concluded that 〜 performance." の部分で、「社会と交わることで脳の機能を高める」という趣旨の内容が述べられています。(B) は a new personality（新しい人格）が誤りです。(C) は、how 〜 works の部分が誤りです。また (D) は、intelligent people（知能の高い人）について述べられている部分はありません。

3. 設問部分の One researcher at 〜 や friendly conversation については、第3パラグラフに述べられています。「親しげな会話が脳の活動を改善させる」のは、第3パラグラフの最終文にある "try to read others' minds and 〜."「他人の心を読んだり、他人の観点で物事を受け取る」ことと関連していると考えることができます。その部分を言い換えた see the world through the eyes of others という選択肢を持つ (C) が正解です。

4. The university of Maryland は、第4パラグラフの4行目にあります。これ以降で述べられている内容は、1人（alone）で時間を使うと不幸に（unhappy）になり、社交的（socializing）である時間を増やすと幸福（happy and content）になるという内容です。そこから、選択肢の (B) が正解だと分かります。The 比較級 〜 , the 比較級 .... は、「〜すればするほど、ますます ... する」という重要な表現です。

5. パッセージ全体の趣旨を問う問題です。本文の趣旨は、「社交的になる方法やそのメリット」です。(A) は、人と交わる定義について、状況（専門分野においてなのか、日常での利用なのか）に応じて変わるとは述べられていません。また、(B) のように、子ども時代と成人してからの社交性の有無の関係性については、第1パラグラフの最終文にそれに近いことが述べられていますが、趣旨ではありません。(C) の Memory, self-reflection, and concentration skills については、第3パラグラフの3行目以降にあり、脳の実行機能の一部だと述べられていますが、これも趣旨ではありません。正解は (D) です。

[Reading / 日本語訳]

[1] 専門的な社会学用語で、社交性、または社会性は、私たちが、社会の中でどのように機能していくかを学ぶプロセスについて言及したものである。このプロセスを通して、私たちは、社会的な規範（特定の社会状況の中でどのように行動するかのガイドライン）、慣習（伝統的なものごとのやり方）、そして価値（何が正しくて、何が誤りであるかの信念）の意識を発達させる。社会性を通して、私たちは、異なった個人として私たち自身の意識もまた獲得する。つまり、私たちの個のアイデンティティである。社会性は、概して、形成段階の時期（幼児期、子ども時代、そして思春期）の間に起こるが、ある程度は、一生涯におけるプロセスである。

[2] しかし、日常の言葉の中で、社会化するということは、単純に他人と社会的に交わることを意味する。それは、友人を作りクラスメートや同僚とうまく付き合い、パブやパーティーに出かけることを意味する。言い換えれば、社会化は、全ての私たちの生活の中で重要な役割を果たす。まさにどれほどそれが果たす役割が重要であるかは、いくつかの最近の社会学的神経学的研究プロジェクトによって強調されてきた。the University of Michigan の社会科学者と心理学者によって実施されたプロジェクトによると、人との交わりは、実際に、私たちを賢明にするということが証明されている。その研究の筆者は、*Personality and Social Psychology Bullet* の中で、彼らの発見を出版したが、頻繁に社会的な交わりを持つことは、人の脳を訓練し、「認知パフォーマンスのより高いレベル」をもたらしてくれると結論づけた。

[3] 続いて実施された the University of Michigan の研究は、社会的に交わることのいくつかの種類は、精神的機能を高めるという話になると、他のものよりもより効果があるということが分かった。親しく、お互いを知るようになるやり方で人々と話をした場合、記憶、自省、そして集中する技術のような脳の執行機能が高まり、私たちが日常生活の問題を解決する手助けとなる。一方で、対抗意識があり敵対するような会話は、このような効果を示すことはない。ある研究者が *ScienceDaily* に対して、そのことについて説明している。「脳の機能の高まりは、親しい社会的な交わりによって人々が他人の心を読んだり、物事に関して彼らの見解を把握したりするということにつながる」

[4] そして、友達と話したりパーティーで交流したりすることは、他の重要な利点を持つことが分かっている。Rush University で実施された研究では、頻繁に交流を重ねることが、高齢期の心の低下を食い止める働きをすると示されている。さらに、the University of Maryland の社会学者たちが述べるように、真偽のほどは定かではないのだが、自分たち自身を不幸であると考える人々は、例えば、テレビを前に一人で過度な時間を過ごしており、その一方で、自らを幸福であり、満足であると考えている人々は、非常に多くの時間を交流することに用いている。

[Reading 選択肢 / 日本語訳]

1. 社会の中で機能していく方法を学ぶにつれ、私たちは ----- を除いて、精通するようになる。
   (A) さまざまな社会状況のなかで行動するためのガイドライン
   (B) 正しいものと間違っているものの信念
   (C) 何かをする伝統的な方法
   (D) 個人やアイデンティティを獲得するためのさまざまな自立した概念

2. 社交的であることは、私たちを ----- によって、より賢くするということが the University of Michigan の心理学者によって明らかにされた。
   (A) 脳を良い状態に保てるよう「使い続ける」こと
   (B) 新しい個性を作り出すことを可能にすること
   (C) 世界がどのように動いているかの知識を増やすこと
   (D) より知的な人々と交わること

3. the University of Michigan のある研究者は、友好的な会話は、対抗意識のある会話とは反対に ----- で、脳のパフォーマンスを改善すると考えている。
   (A) 私たちにより自信をつけさせること
   (B) 敵対心を少なくすること
   (C) 他人の目を通して、世界を見ることができるようにさせること
   (D) 私たちの評価を上げること

4. The University of Maryland の研究は ----- を示唆している。
   (A) テレビは、不幸な人々にくつろぎを感じさせるための一番の方法であること
   (B) 社会的な交流を持てば持つほど、より幸せを感じられること
   (C) 一人で時間を過ごす人は本当に幸せにはなれないこと
   (D) テレビの見過ぎは、認識機能を弱めること

5. 本文の要約として最もふさわしいのはどれか。
   (A) 社会性の定義は専門的な使い方か、日常的な使い方かで異なる。
   (B) 子供時代は社会化の時間と考えがちであるが、研究によりその行程は生涯、年を取ってからでさえも続く。
   (C) 記憶、自省、そして集中する技術は脳の執行機能のすべての部分である。
   (D) 研究によって、社会化は私たちを幸せにするだけでなく、精神的な許容量とパフォーマンスを高める重要な役割を果たすことが明らかになっている。

[Listening / 解答と解説]

(1) ④　　(2) ③

(1) 第②文目に Researchers in Boston について述べられています。後半の "that people with a larger than usual amygdala" に合致します。「通常よりも大きな扁桃体を持つ人は、社交的であることを、より得意とする」と述べられています。正解は④です。

(2) the Boston researchers については、第③文目に述べられています。are not sure if S V「S が V するかどうかの確信は持てていない」の内容の部分を聞き取る必要があります。「扁桃体が大きいのは、生まれつきなのか、それとも人との交流を経て大きくなっていくのかが分かっていない」という内容が述べられています。正解は③です。

[Listening / 日本語訳]

　扁桃体とは、社交性を持ち、感情を処理するために重要な脳の一部である。ボストンの研究者たちは、脳をスキャンする技術を使った神経学的研究を行っており、現在では、通常より大きな扁桃体を持つ人々は、社交性がより高いかもしれないと述べている。しかし、研究者たちは、社交が得意な人々が、より大きな扁桃体を持って生まれるのか、彼らが社交を活発に行うために、扁桃体がより大きくなっていくのかという事に関して、依然として確信を持てていない。

(1) ボストンの研究者によって推測されていることとは何か。
　① 扁桃体が私たちの感情をコントロールすること。
　② 社交性が感情によってコントロールされること。
　③ 一部の人々の扁桃体が他の人々のものより大きいこと。
　④ 大きな扁桃体は人の社交性を高めること。

(2) ボストンの研究者がまだ答えていない疑問は何か。
　① なぜ一部の人々の扁桃体が大きいのか。
　② なぜ扁桃体は社交性をコントロールするのか。
　③ 一部の生まれながらに大きな扁桃体を持つ人々が社交的であるのか、社交的であることが扁桃体を大きくするのか。
　④ 脳スキャンの技術を使う神経学的研究が本当に扁桃体の大きさを測り、扁桃体の社交性を高める役割についての結論を導くことができるのか。

語彙リスト ------- Reading

[1]
- technical terms （熟語）専門用語
- sociological （形容詞）社会学的な
- socialize （動詞）社会化する
- socialization （名詞）社会化
- refers to ~ （熟語）~について言及する
- process （名詞）過程、プロセス
- function （動詞）機能する
- through ~ （前置詞）~を通して
- awareness （名詞）意識
- norm （名詞）規範
- guideline （名詞）ガイドライン
- behave （動詞）行動する
- specific （形容詞）特定の
- social （形容詞）社会的な
- situation （名詞）状況
- custom （名詞）慣習
- traditional （形容詞）伝統的な
- value （名詞）価値
- belief （名詞）信念、考え
- right （形容詞）正しい
- wrong （形容詞）間違った
- achieve （動詞）達成する
- sense （名詞）意識
- distinct （形容詞）顕著な
- individual （形容詞）個々の
- personal （形容詞）個人の
- identity （名詞）アイデンティティ
- by and large （熟語）概して
- take place （熟語）起こる
- formative （形容詞）形成段階にある
- infancy （名詞）幼児
- childhood （名詞）子ども時代
- adolescence （名詞）思春期
- to ~ extent （熟語）~の程度
- certain ~ （形容詞）ある~
- life-long （形容詞）生涯にわたる

[2]
- mingle （動詞）混ぜる
- socially （副詞）社会的に
- get along with ~ （熟語）~と仲良くやる
- classmate （名詞）クラスメート
- colleague （名詞）同僚
- pub （名詞）パブ
- in other words （熟語）言い換えれば
- play a role in ~ （熟語）~の役割を果たす
- crucial （形容詞）重大な
- underscore （動詞）強調する
- several （形容詞）いくつかの
- recent （形容詞）最近の
- neurological （形容詞）神経学的な
- research project （熟語）研究計画
- carry out ~ （熟語）~を実行する
- scientist （名詞）科学者
- psychologist （名詞）心理学者
- actually （副詞）実際に
- smart （形容詞）利口な
- publish （動詞）出版する
- finding （名詞）発見
- conclude （動詞）結論づける
- frequent （形容詞）頻繁な
- interaction （名詞）相互作用
- exercise （動詞）訓練する
- brain （名詞）脳
- cognitive （形容詞）認知的な
- performance （名詞）パフォーマンス

[3]
- follow-up （形容詞）追跡して行う

Vocabulary List — Day 3

- ☐ kinds of ~ （熟語）～の種類
- ☐ when it comes to ~ （熟語）～という話になれば
- ☐ increase （動詞）高める
- ☐ mental （形容詞）心の、脳の
- ☐ function （名詞）機能
- ☐ getting-to-know-each-other （名詞）お互いを知るようになること
- ☐ memory （名詞）記憶
- ☐ self-reflection （名詞）内省
- ☐ concentration （名詞）集中
- ☐ skill （名詞）技術
- ☐ boost （動詞）高める
- ☐ solve （動詞）解決する
- ☐ conversation （名詞）会話
- ☐ competitive （形容詞）競争の
- ☐ antagonistic （形容詞）対立する
- ☐ on the other hand （熟語）一方で
- ☐ benefit （名詞）利益
- ☐ explain （動詞）説明する
- ☐ come about （熟語）生じる
- ☐ induce ~ to V原 （熟語）～がVすることを誘発する
- ☐ mind （名詞）心、脳
- ☐ take perspective on ~ （熟語）～についての見方をする

[4]
- ☐ It turns out that S V （構文）SがVすると分かる
- ☐ chat with ~ （熟語）～とおしゃべりをする
- ☐ mix ~ up （熟語）～を混ぜ合わせる
- ☐ conduct （動詞）実施する
- ☐ show （動詞）示す
- ☐ decline （動詞）低下する

- ☐ what's more （熟語）さらに
- ☐ think of ~ as … （熟語）～を…として見なす
- ☐ inordinate （形容詞）過度な
- ☐ amount of ~ （熟語）～の量
- ☐ alone （副詞）1人で
- ☐ in front of ~ （熟語）～の前で
- ☐ TV set （名詞）テレビセット
- ☐ for example （熟語）例えば
- ☐ look upon ~ as … （熟語）～を…として見なす
- ☐ content （形容詞）満足した
- ☐ a good deal of ~ （熟語）かなりの量の

語彙リスト ------- Listening

- ☐ amygdala （名詞）扁桃（へんとう）体
- ☐ brain （名詞）脳
- ☐ socialize （動詞）交流する
- ☐ deal with ~ （熟語）～を対処する
- ☐ emotion （名詞）感情
- ☐ researcher （名詞）研究者
- ☐ conduct （名詞）実施する
- ☐ neurological （形容詞）神経学の
- ☐ brain-scan （名詞）脳のスキャン
- ☐ technology （名詞）技術
- ☐ usual （形容詞）通常の
- ☐ be better at ~ （熟語）～がより得意である
- ☐ sure （形容詞）確信して

37

DAY 4   Reading

Read the following passage and answer the questions.
(以下の文章を読んで以下の問いに答えなさい)

    Every society is profoundly concerned about law and order. Fighting crime and punishing (or, ideally, rehabilitating) criminals is a top priority, not to mention a major budget burden. As Jay Gabler explains it in his entertaining and useful *Sociology for Dummies*, "Societies may be incredibly diverse and tolerant of a wide range of behavior, but those behaviors defined as crimes are where societies draw the line and say YOU MAY NOT!" What causes antisocial or deviant behavior? Are some people born wicked and destined to lead a life of crime? Or is it environment—parents, economics, racial inequality—that turns some of us into thieves, murderers, or rapists?

    A *New York Times* article by Patricia Cohen suggests that anatomy is a key factor in pushing people towards crime, just as it can be in determining a person's chances for success in life. "A small band of economists has been studying how height, weight, beauty, and other physical attributes affect the likelihood of committing a crime," she writes. Studying records from the 19th, 20th, and 21st centuries, <u>they</u> found that shorter, obese, unattractive men end up in prison 20 to 30 percent more often than their taller, thinner, better-looking counterparts. This may sound like a "throwback" to biological determinism (or Social Darwinism), the movement of the late 1800s claiming that genetics predisposed people to antisocial behavior. But, says Cohen, "Practitioners are quick to distance themselves from such ideas." <u>I'll bet</u>!

    One particularly disturbing aspect of society's crime problem is the psychopath, a person who appears to lack any conscience and does indeed seem to be "evil incarnate" (though new studies show that such seemingly innate badness is usually due to parental abuse and neglect at a very early age). Spotting psychopaths is difficult because they can be cleverly manipulative and skilled liars. But a new Cornell University study says that psychopathic criminals' speech patterns frequently give them away. For example, they use the past tense more often than "normal" criminals, as if trying to separate themselves from their crimes. They also use more filler syllables like "uh" and "um" to make themselves sound normal. And they use more subordinate conjunctions like "because" and "so that," which suggests, one researcher says, "that psychopaths are more likely to view the crime as a logical outcome—something that had to be done." The results of the study, the researchers say, should prove useful in both crime investigation and crime prevention—helping to "spot" potential wrongdoers before they act.

anatomy　骨格、体格
Social Darwinism　社会ダーウィニズム
ダーウィンの進化論を人間社会に当てはめたもので、生物学的決定論がその特徴の一つである。
evil incarnate　悪の権化、悪の化身
subordinate conjunction　（文法用語）従属接続詞

1. The environmental factor that is NOT mentioned in paragraph 1 as a possible reason for a person's life of crime is -----.
    (A) family background
    (B) income level
    (C) education
    (D) racial discrimination

2. The underlined word "they" in paragraph 2 refers to -----.
    (A) historical records
    (B) a small band of economists
    (C) the 19th, 20th, and 21st centuries
    (D) a person's chances

3. The phrase "I'll bet!" in paragraph 2 hints that the author -----.
    (A) has some doubts about the economists' claims
    (B) is in complete agreement with the study's conclusions
    (C) wants further proof or evidence for the claims
    (D) suspects that people's personalities are innately determined, not environmentally

4. Psychopaths' speech patterns indicate all of the following EXCEPT -----.
    (A) their attempt to make it appear that they didn't commit the crime
    (B) their belief that they were forced to commit the crime
    (C) pride in their skill as liars
    (D) their efforts to make them sound normal

5. What does the article conclude about the usefulness of the Cornell study's findings?
    (A) The study's results confirm what the small band of economists say about physical attributes.
    (B) The Cornell findings prove that psychopaths are truly evil and that nothing can be done about them.
    (C) The findings are merely academic and have no practical applications.
    (D) The results could help prevent crime by identifying people prone to antisocial behavior.

解答欄

1.　　2.　　3.　　4.　　5.

DAY 4   *Listening*

Listen to the talk and then choose the best answer to question below.
（英文を聞いて次の問いに答えなさい）

(1) Who is Jung Ha Won?
   ① A South Korean government official
   ② A South Korean housewife
   ③ A news paper reporter
   ④ A spy

(2) Which of these is true?
   ① More and more South Korean housewives are becoming lawbreakers to even extra cash.
   ② An increasing number of South Korean housewives are becoming full-time policewomen.
   ③ The South Korean government is not only using but also paying housewives to help out in the fight against crime.
   ④ Many part-time South Korean housewife crimefighters have appeared as actors in popular films.

(3) Which of these is not mentioned as an examples of a crime that "amateur detectives" report?
   ① Murder
   ② Driving too fast
   ③ Selling drugs
   ④ Charging customers too much for goods and services

解答欄

1.   2.   3.

memo

Dictation Exercise

音声を聞いて、次の空欄に当てはまる語（句）を書き取りなさい。

① A newspaper article by Korean journalist Jung Ha Won reports that _____ into crime "snoopers" in their spare time. ② They spy on lawbreakers, recording the criminals' activities on tiny cameras and cellphones as evidence, which they then hand over to the police. ③ And, says Won, with the government paying these part-time crimestoppers _____, training academies for such snoopers are increasing in number. ④ These schools teach women how to "stalk their prey and get them on film," and even how to act innocent to avoid giving themselves away. ⑤ _____, ranging from businesspeople who overcharge customers to speeding drivers to drug dealers.

Script

リスニング問題の完全スクリプトです。何度もシャドーイングして、身につけよう！

① A newspaper article by Korean journalist Jung Ha Won reports that <u>a growing number of South Korean housewives are turning</u> into crime "snoopers" in their spare time. ② They spy on lawbreakers, recording the criminals' activities on tiny cameras and cellphones as evidence, which they then hand over to the police. ③ And, says Won, with the government paying these part-time crimestoppers <u>a large reward for every crime they spot</u>, training academies for such snoopers are increasing in number. ④ These schools teach women how to "stalk their prey and get them on film," and even how to act innocent to avoid giving themselves away. ⑤ <u>The crimes these amateur detectives report are relatively minor</u>, ranging from businesspeople who overcharge customers to speeding drivers to drug dealers.

[Reading / 解答と解説]

1. C   2. B   3. A   4. C   5. D

1. 第1パラグラフの最終文に、「犯罪を犯す場合の環境要因について述べられています。本文の "parents" は (A) について、"economics" は (B) について、"racial inequality" の部分が (D) を説明してます。(C) の教育についての可能性は述べられていません

2. they で書かれているために、複数形を選ぶということが分かりますが、選択肢は全て複数形の名詞です。そこで、動詞の found 以降の文を読み進めると、「人の見た目が犯罪率と関係していることが分かった」という趣旨の内容が述べられています。ここから、they は、調査を実施した "economists" であることが分かります。(A) は historical「歴史的な」とが誤りです。

3. "bet" は、動詞で「（お金などを）賭ける」という意味を持つことから、「（お金を賭けるほど）確かな、間違いない」という意味で用いることができます。前の文では、「医者は、遺伝と犯罪率がつながるという考え方と距離を置こうとしている」という趣旨の内容が述べられています。その内容の直後にあることから、上記の内容に強く賛同していることが分かります。(B) は、in complete agreement の部分が誤りです。また、(D) では、suspect は、「that 以下の内容（が正しいの）ではないかと疑う」という意味なので、この選択肢では、"economists" の発見を肯定していることになります。正解は (A) です。

4. 第3パラグラフを読んで解答しましょう。(A) は本文の第6行目の "For example" から始まる文の、"as if 〜 from their criminals" の部分に合致します。(B) は第3パラグラフの下から5行目の、"And they use more subordinate" から始まる文の、"a logical outcome — something that had to be done." の部分に合致します。また (D) は、同じく第3パラグラフ下から6行目の、"They also use more filler syllables 〜 normal." の部分に合致します。

5. パッセージの最終文である、The results 〜 before they act の部分で、「調査結果は、犯行に及ぶかもしれない人々が行動に移す前の抑止として役立つのではないか」という趣旨が述べられています。その部分に合致するのは、(D) のみです。(B) の "nothing can be done"「何もなされることができない」は、有用性を否定しているので誤りです。また、(C) は "no practical applications"「実用的応用性がない」も (B) と同様の理由で誤りです。

[Reading / 日本語訳]

[1] 全ての社会は、法と秩序に深く関わっている。犯罪と戦い、犯罪者を罰すること（または、理想的には、更正させること）は、最優先事項であるが、大きな予算の負担であることも言うまでもない。Jau Gabler 氏が、娯楽的で、有益な Sociology for Dummies の中で「社会は、信じられないくらいの多様性があり、幅広い行動に対して寛容的であるが、犯罪として定義された行動は、社会がラインを引いて、あなたがしてはならないものでもある」と説明している。反社会的や逸脱した行動を引き起こすものは何だろうか。人々は、生まれながら邪悪で、犯罪者の人生を送る運命にあるのだろうか。または、私たちを盗人、殺人者、そしてレイピストに変えてしまうのは、両親、経済、人種の不平等のような環境なのだろうか。

[2] Patricia Cohen 氏による New York Times の記事によると、骨格は、人々を犯罪に仕向ける鍵となる要因であり、それは、人々の人生における成功の機会を決定する際のものでもある。彼女は、「小さな経済学者の集まりは、身長、体重、美しさ、そして他の肉体的特徴が、犯罪を犯す可能性にどのように影響を与えているのかということを研究している」と記している。19 世紀、20 世紀、そして 21 世紀からの記録を研究し、彼らは、身長の低い、肥満の、魅力的とは言えない男性が、高身長、やせ形、見た目の良い男性に比べて 20 パーセントから 30 パーセント高い確率で、牢屋に入れられてしまうということを発見した。これは、「遺伝が、人々の反社会的な行動を引き起こすということを主張する運動である生物学的決定（または、社会ダーウィニズム）に「逆戻り」のように聞こえるかもしれない。しかし、Cohen 氏は、「開業医師たちは、足早に、このような考え方から距離を置こうとしている」と述べている。私もそう思う。

[3] 社会の犯罪問題の一つの特定的に邪魔になる側面は、いかなる良心をも持たず、確かに「悪の化身」のように見える人、つまり変質者である（新しい研究では、このような一見したところの生まれながらの邪悪性は、通常、早い段階での親の虐待や育児の放棄が原因であるということが示されている）。変質者を特定することが難しいのは、彼らが巧妙に操作したうまい嘘つきだからである。しかし、新しい Cornell University の研究は、精神異常の犯罪者の話すパターンは、しばしば、自分の正体を明らかにする。例えば、彼らは「通常の」犯罪者よりも過去形を多用し、それは、まるで彼ら自身を犯罪から切り離そうとしているかのようである。また、彼らは「あー」や「うー」のような間に挟む言葉を多用し、まともであるように聞こえさせる。そして、彼らは "because" や "so that" のような従属接続詞を多用し、それは、ある研究者によれば、「変質者は、犯罪を、論理的な結果打として見る傾向がより強いこと、つまり、犯罪は必然であったという見方をする傾向にあること」を示唆しているのだ。研究者たちは、研究の結果は、犯罪調査と犯罪防止、つまり、行動にする前に潜在的に悪行を行う者を「特定する」ための一助になるという両側面で役に立つということが証明されるはずだと述べている。

[Reading 選択肢 / 日本語訳]

1. 人に犯罪人生をもたらす可能性のある理由として、第1パラグラフで述べられていない環境要因は ----- である。
    (A) 家庭背景
    (B) 収入レベル
    (C) 教育
    (D) 人種差別

2. 第2パラグラフの下線部 "they" は、----- について述べている。
    (A) 歴史的な記録
    (B) 経済学者たちの小さな集まり
    (C) 19、20、そして21世紀
    (D) ある人の機会

3. 第2パラグラフの "I'll bet!" というフレーズは、筆者は、----- ことをほのめかす。
    (A) 経済学者たちの主張について疑いを持っている
    (B) 研究結果に完全に同意している
    (C) さらなる証明や証拠を欲している
    (D) 人々の特徴は、生まれながらに決定されており環境によるものではないと疑っている

4. 変質者の話し方のパターンは、以下の ----- を除いた全てを示している。
    (A) 彼らは、犯罪を犯さなかったように見えさせるという試み
    (B) 彼らが、犯罪をしなければならなかったという彼らの考え
    (C) 彼らの嘘つきとしての巧みさにおけるプライド
    (D) 彼らを通常であるかのように聞こえさせる努力

5. 記事は、"Cornell" の研究の発見における有用性について何と結論づけているか。
    (A) 研究の結果は、経済学者の小さな集まりが肉体的な特性について語っていることを立証する。
    (B) "Cornell" の発見は、変質者が本当に邪悪で、彼らに関しては何もなされることがないということを証明している。
    (C) 発見は、単に学問的なものであり、実用的な応用性を持たない。
    (D) その結果は、反社会的な行動をする可能性のある人物を特定することによって犯罪を抑止する手助けになるかもしれない。

[Listening / 解答と解説]

(1) ③　　(2) ③　　(3) ①

(1) 第①文目に "by Korean journalist Jung Ha Won" とあります。ここから、報道に関係する仕事をしていることが分かります。② Jung Ha Won 自身が主婦であるかどうかは判断することができません。正解は③です。

(2) 第③文目の、"with the government paying these part-time crimestoppers a large reward for 〜 spot" の部分で、「政府から、犯罪を見つける仕事をする主婦に支払いをしている」という趣旨の内容が述べられています。①はより多くの主婦が、犯罪を犯しているわけではないので誤りです。また、② は full-time「正社員」が誤りです。本文では、part-time と述べられています。

(3) 第⑤文目の後半（ranging from 〜 to ... to ----：「〜から ... や ---- に及ぶ」）の部分に合致します。選択肢の②は speeding drivers に、③は drug dealers に、④は overcharge customers にそれぞれ合致しています。① murder「殺人」は述べられていません。

[Listening / 日本語訳]

　韓国人ジャーナリストの Jung Ha Won 氏による新聞記事によると、ますます多くの韓国の専業主婦が彼女らの空き時間を使って犯罪「スヌーパー」になっている。彼女らは、法律を破る人々をスパイし、証拠として小型カメラや携帯電話で犯罪者の活動を記録し、その後、それらを警察に譲渡しているのだ。そして、これらのアルバイトで働く犯罪ストッパーに対して、政府が、彼女らが発見した全ての犯罪に対して多額の謝礼金の支払いをしていることに伴い、このような犯罪スヌーパーの訓練学校の数が増えていると Won 氏は語る。これらの学校は、女性たちに、「彼女らの獲物を追いかけ、フィルムにそれらを残す」方法や、そして彼女ら自身の素性が暴かれてしまうことを避ける為に無実であるように振る舞う方法さえも教えている。これらの素人の探偵が報告をする犯罪は、顧客に過剰な請求をするビジネスマンから、スピードを出しているドライバーから麻薬の取引者に及ぶ比較的小さなものである。

(1) Jung Ha Won は誰か。
　① 韓国政府の役人　　② 韓国人主婦
　③ 新聞のレポーター　　④ スパイ

(2) 以下のうち正しいのはどれか。
　① ますます多くの韓国人主婦は、さらなるお金を稼ぐために法律を犯している。
　② ますます多くの数の韓国人主婦は、正社員の警察官になっている。
　③ 韓国政府は、犯罪と戦う手助けとなるように主婦を活用しているだけではなく支払いもしている。
　④ 多くのアルバイトの韓国人主婦の犯罪と戦う人たちは人気映画の俳優のように見える。

(3) 以下のどれが「素人の探偵」が報告する犯罪の例として述べられていないか。
　① 殺人
　② スピード超過の運転
　③ 麻薬の販売
　④ 商品やサービスに対して顧客に過剰請求すること

語彙リスト ------- Reading

[1]
- be concerned about 〜 （熟語）〜について心配する
- profoundly （副詞）深く
- law （名詞）法
- order （名詞）秩序
- fight （動詞）戦う
- crime （名詞）犯罪
- punish （動詞）罰する
- ideally （副詞）理想的に
- rehabilitate （動詞）更生させる
- criminal （名詞）犯罪者
- top priority （熟語）最優先
- not to mention 〜 （熟語）〜は言うまでもなく
- major （形容詞）主な
- budget （名詞）予算
- burden （名詞）負担
- entertaining （形容詞）楽しませるような
- useful （形容詞）役立つ
- incredibly （副詞）信じられない
- diverse （形容詞）多様性のある
- tolerant （形容詞）寛容な
- a wide range of 〜 （熟語）幅広い〜
- behavior （名詞）行動
- define （動詞）定義する
- draw the line （熟語）線引きをする
- cause （動詞）引き起こす
- antisocial （形容詞）反社会的な
- deviant （形容詞）逸脱した
- wicked （形容詞）邪悪な
- destined to V原 （熟語）Vする運命にあって
- lead a life （熟語）生活を送る
- economics （名詞）経済学
- racial inequality （熟語）人種的不平等
- turn 〜 into … （熟語）〜を…に変える
- thief （名詞）泥棒
- murderer （名詞）殺人者
- rapist （名詞）レイピスト

[2]
- article （名詞）記事
- suggest （動詞）示唆する
- key factor （熟語）鍵となる要因
- toward 〜 （前置詞）〜に向けて
- crime （名詞）犯罪
- just as S V （構文）SがVするように
- determine （動詞）決定する
- chance （名詞）機会
- success （名詞）成功
- a band of 〜 （熟語）一組の〜
- economist （名詞）経済学者
- height （名詞）高さ
- weight （名詞）重さ
- beauty （名詞）美しさ
- physical （形容詞）肉体的な
- attribute （名詞）特徴
- affect （動詞）影響を与える
- likelihood （名詞）可能性
- commit a crime （熟語）犯罪を犯す
- obese （形容詞）肥満の
- unattractive （形容詞）魅力的でない
- end up … （熟語）結局…になる
- in prison （熟語）牢屋に入った
- percent （名詞）パーセント
- thin （形容詞）痩せた
- better-looking （形容詞）見た目がより良い
- counterpart （名詞）相対するもの
- sound like 〜 （熟語）〜ように聞こえる
- throwback （名詞）逆行
- biological （形容詞）生物学的な
- determinism （名詞）決定
- movement （名詞）動き
- claim （動詞）主張する
- genetics （名詞）遺伝学
- predispose （動詞）（ある考えを）抱かせる
- antisocial （形容詞）反社会的な
- practitioner （名詞）開業医師、熟練家
- be quick to V原 （熟語）すばやくVする
- distance oneself from 〜 （熟語）〜からoneを遠ざける

[3]
- particularly （副詞）特別に
- disturbing （形容詞）邪魔になる
- aspect （名詞）側面
- psychopath （名詞）変質者
- appear to V原 （熟語）Vするように見える
- lack （動詞）不足する
- conscience （名詞）意識
- indeed （副詞）確かに

Vocabulary List — Day 4

- [ ] evil （形容詞）邪悪な
- [ ] incarnate （形容詞）人間の姿をした
- [ ] seemingly （副詞）一見すると
- [ ] innate （形容詞）生まれながらの
- [ ] badness （名詞）悪い事
- [ ] due to 〜 （熟語）〜が理由で
- [ ] parental （形容詞）両親の
- [ ] abuse （名詞）虐待
- [ ] neglect （名詞）無視
- [ ] age （名詞）年齢
- [ ] cleverly （副詞）賢く
- [ ] manipulative （形容詞）思い通りに操る
- [ ] skilled （形容詞）巧みな
- [ ] liar （名詞）嘘つき
- [ ] psychopathic （形容詞）精神病の
- [ ] criminal （形容詞）犯罪の
- [ ] speech （名詞）話すこと
- [ ] pattern （名詞）パターン
- [ ] frequently （副詞）頻繁に
- [ ] give oneself away （熟語）one の身元がばれる
- [ ] for example （熟語）例えば
- [ ] past tense （熟語）過去形
- [ ] as if SV （熟語）まるで S が V するように
- [ ] separate （動詞）分離させる
- [ ] filler （名詞）満たすもの（人）
- [ ] syllable （名詞）音節
- [ ] normal （形容詞）通常の
- [ ] suggest （動詞）示唆する
- [ ] be likely to V原 （熟語）V する傾向がある
- [ ] view 〜 as … （熟語）〜を…と見なす
- [ ] logical （形容詞）論理的な
- [ ] outcome （名詞）結果
- [ ] result （名詞）結果
- [ ] prove （動詞）(…だと) 分かる
- [ ] useful （形容詞）役立つ
- [ ] investigation （名詞）調査
- [ ] prevention （名詞）防止
- [ ] help to V原 （熟語）V する手助けをする
- [ ] potential （形容詞）可能性のある
- [ ] wrongdoer （名詞）悪事を働く者
- [ ] act （動詞）行動する

語彙リスト ------ Listening

- [ ] newspaper article （熟語）新聞の記事
- [ ] journalist （名詞）ジャーナリスト
- [ ] report （動詞）報告する
- [ ] a growing number of 〜 （熟語）ますます多くの
- [ ] housewife （名詞）主婦
- [ ] turn into 〜 （熟語）〜になる
- [ ] crime （名詞）犯罪
- [ ] snooper （名詞）スヌーパー、追跡者
- [ ] spare time （熟語）空き時間
- [ ] spy （動詞）スパイをする
- [ ] lawbreaker （名詞）法律を破るもの
- [ ] criminal （名詞）犯人
- [ ] activity （名詞）活動
- [ ] tiny （形容詞）小さな
- [ ] cellphone （名詞）携帯電話
- [ ] evidence （名詞）証拠
- [ ] hand over to 〜 （熟語）〜に手渡す
- [ ] police （名詞）警察官
- [ ] government （名詞）政府
- [ ] pay （動詞）支払う
- [ ] part-time （形容詞）アルバイトの
- [ ] crimestopper （名詞）犯罪防止をする人
- [ ] reward （名詞）報酬
- [ ] spot （動詞）見つける
- [ ] training academy （名詞）訓練学校
- [ ] increase （動詞）増加する
- [ ] in number （熟語）数において
- [ ] how to V原 （熟語）V する方法
- [ ] stalk （動詞）追いかける
- [ ] prey （名詞）獲物
- [ ] innocent （形容詞）無実の
- [ ] avoid （動詞）避ける
- [ ] amateur （名詞）素人
- [ ] detective （名詞）探偵
- [ ] relatively （副詞）比較的に
- [ ] minor （形容詞）小さな
- [ ] ranging from 〜 to … （熟語）〜から…に及ぶ
- [ ] businesspeople （名詞）ビジネスパーソン
- [ ] overcharge （動詞）過剰な請求をする
- [ ] customer （名詞）顧客
- [ ] speeding driver （熟語）スピードを出すドライバー
- [ ] drug dealer （熟語）麻薬の取引をする者

DAY 5 Reading

Read the following passage and answer the questions.
(以下の文章を読んで以下の問いに答えなさい)

Janus, the Roman god of beginnings and **transitions**, had two faces, one looking to the past, the other to the future. Each new year, Romans prayed to Janus and "resolved" to become better people, and thus began the custom of making New Year's resolutions. According to *Time*, 48 percent of Americans make resolutions on January 1. They pledge to lose weight, quit smoking, and exercise more—the top three vows in that order. While 65 percent keep their resolutions for at least part of the year, "35 percent never even make it out of the gate," says *Time*. The same holds true in the U.K. A University of Bristol study found that 88 percent of Britons who make resolutions admit that they give up before they even get started.

Why do we so often fail to keep our resolutions and meet our goals? The main culprit appears to be procrastination, which the dictionary defines as "delaying doing something, especially out of habitual laziness or carelessness." Most of us put off doing things at some point: neurological research suggests that procrastination may even be "hardwired" into the human brain. But Professor Joseph Ferrari, author of *Still Procrastinating? The No Regrets Guide to Getting It Done*, has found that 20 percent of us are "chronic procrastinators." For those of us in this category, the news is not good. Statistics show that we are overwhelmingly less wealthy, healthy, and happy than those who don't delay. Our constant delaying dooms us to a life of regret, shame, and lowered self-esteem. Our behavior also makes us a social nuisance, inconveniencing and annoying everyone around us. "But I'm just a perfectionist who works best under the pressure of time." we like to kid ourselves. Wrong! We procrastinators, even when we do manage to get something done, almost never get it right.

So, if you are a chronic "putter-offer," or if you just want to keep your New Year's resolutions, what do you do? The key, says Dr. Ferrari, is to make your goals public. Tell others what you intend to do. "When you keep resolutions to yourself, no one is going to check up on you." Some researchers say that it can also help to change your perspective. "When people perceive change from an outside observer's point of view," says Cornell University psychology Professor Thomas Gilovich, they "get satisfaction from their efforts, which gives them more motivation to keep working toward a goal." But, says Dr. Piers Steel, University of Calgary professor and author of *The Procrastination Equation*, old-fashioned willpower may be our best tool for overcoming procrastination after all. "The old saying is true: 'Whether you believe you can or believe you can't, you're probably right.' As you get better at self-control, your expectancy about whether you can resist the temptation to delay goes up and improves your ability to resist," says Dr. Steel.

Janus　ヤヌス（前と後に顔を持ったローマ神話に登場する門の守護神）　　culprit　犯人、元凶
hardwired　組み込まれた、配線され

1. For Americans, the most common New Year's resolution is to -----.
    (A) work out more often
    (B) quit smoking
    (C) lose weight
    (D) become a better and kinder person

2. It is implied that chronic procrastinators -----.
    (A) never get anything done at all
    (B) aren't as lazy or careless as they think they are
    (C) live less successful and fulfilling lives than people who don't procrastinators
    (D) really do work best under the pressure of time.

3. Thomas Gilovich's main idea is that -----.
    (A) it is not necessary for us judge our progress more objectively
    (B) only lazy, weak-willed people fail to keep their resolutions
    (C) sharing our goals with others helps us to achieve them
    (D) old-fashioned will-power doesn't really work

4. Which of these is true?
    (A) Forty-eight percent of Americans actually do keep their New Year's resolutions.
    (B) Eighty-eight percent of Britons give up their resolutions very early on in the New Year.
    (C) Sixty-five percent of "putter-offers" are "chronic procrastinators."
    (D) Twenty percent of procrastinators suffer from some neurological disease.

5. Which of these is not true?
    (A) The Roman god Janus had two faces, one looking back, the other looking forward.
    (B) People who put things off to the last minute are prone to making mistakes and getting the job wrong.
    (C) Procrastinators cause others a lot of trouble and inconvenience.
    (D) It is impossible to improve your self-control and resist your temptation to delay without professional psychological help.

解答欄

| 1. | 2. | 3. | 4. | 5. |

DAY 5　　　　　　　　　　　　　　　　　　　　　*Listening*

Listen to the short talk and answer the following questions.　　11
次の英文を聞いて以下の問いに答えなさい。

(1) What is Bill Gates cited as an excellent example of?
　① A man who has achieved a lot in life.
　② An extremely intelligent person
　③ A person who had a lonely childhood
　④ The author of self-help books.

(2) Who are Camille Sweeney and Josh Gosfield?
　① The authors of a book about Angelina Jolie.
　② Two famous superachievers.
　③ The authors of a self-help book about how to get things done
　④ Psychologists involved in scientific research on intelligence and determination.

(3) Which of these is NOT mentioned as being essential to accomplishing your goals?
　① Hard-work
　② The ability to keep going
　③ Intelligence
　④ Unchangeable beliefs and opinions

(4) What do Camilla Sweeney and Josh Gosfield NOT mean when they say that humility is important for achieving our goals?
　① It makes us good listeners.
　② It makes us realize we can't be right all the time.
　③ It opens us up to other ideas and opinions.
　④ It impresses our friends and family and makes them love and support us more.

解答欄

| 1. | 2. | 3. | 4. |

memo

Dictation Exercise

音声を聞いて、次の空欄に当てはまる語（句）を書き取りなさい。

① _____ ② What if you would like to become a "superachiever" like Bill Gates or Angelina Jolie or Beat Takeshi? ③ Well, here's some advice from a new self-help book entitled *The Art of Doing* by Camille Sweeney and Josh Gosfield. ④ Of course, _____ _____. ⑤ But the authors say that to become superachievers, we need some other important qualities. ⑥ For one, we must be "super" self-aware. ⑦ We must be able to look at ourselves very carefully and honestly. ⑧ We must _____ _____ in order to "reinvent" ourselves. ⑨ For another, we need to be part of a community. ⑩ We can't be loners. ⑪ We need friends, family, and other people around us to support and advise us. ⑫ And Sweeney and Gosfield have found that most superachievers have another vital quality: humility. ⑬ Superachievers are good listeners. ⑭ They don't insist on being right all the time. ⑮ They actually _____ _____ as needed.

Script

リスニング問題の完全スクリプトです。何度もシャドーイングして、身につけよう！

① <u>What if you are not satisfied with just reaching your goal?</u> ② What if you would like to become a "superachiever" like Bill Gates or Angelina Jolie or Beat Takeshi? ③ Well, here's some advice from a new self-help book entitled *The Art of Doing* by Camille Sweeney and Josh Gosfield. ④ Of course, <u>hard work, intelligence, and determination are all essential traits</u>. ⑤ But the authors say that to become superachievers, we need some other important qualities. ⑥ For one, we must be "super" self-aware. ⑦ We must be able to look at ourselves very carefully and honestly. ⑧ We must <u>question our beliefs and opinions and be able to change them</u> in order to "reinvent" ourselves. ⑨ For another, we need to be part of a community. ⑩ We can't be loners. ⑪ We need friends, family, and other people around us to support and advise us. ⑫ And Sweeney and Gosfield have found that most superachievers have another vital quality: humility. ⑬ Superachievers are good listeners. ⑭ They don't insist on being right all the time. ⑮ They actually <u>listen to what others have to say and take it to heart</u> as needed.

[Reading / 解答と解説]

1. C　　**2. C**　　**3. C**　　**4. B**　　**5. D**

1. 第1パラグラフの4行目の "They pledge 〜 the top three vows in that order." の部分に合致します。in that order「その順番で」という部分から、上位から順番に挙げられていることが分かります。

2. 第2パラグラフの7行目の、"Statistics 〜 less wealthy, healthy and happy than those 〜 ." の部分で「物事を遅らせる人は、裕福、健康、幸福になりにくい」という趣旨の内容が述べられています。(B) は、遅延者に対して肯定的に述べられている選択肢なので誤りです。また (A) と (D) に関しては、述べられていません。

3. 第3パラグラフの6行目で、Thomas Gilovich 教授について述べられています。同パラグラフの5行目の "When 〜 toward a goal." の部分では、「他人に見られていることでモチベーションを保つことができる」という趣旨のことが述べられています。そこから、選択肢の others がキーワードになることが分かります。(A) は、not が誤りの根拠になります。(D) の old-fashioned will-power については、Thomas Gilovich 教授は述べていません。

4. 数字に関するものなので1つ1つ確認していく作業が必要です。まずは、正解の (B) は、第1パラグラフの下から2行目の内容に合致しています。(A) のアメリカ人の 48% は、第1パラグラフの4行目にあるように、「新年の決意をする人のパーセンテージ」です。"keep" が誤りです。(C) の 65% という数字は、第1パラグラフの6行目にありますが、「少なくとも一年のうちのある期間に決意を守った人のパーセンテージ」です。(D) の 20% という数字は第2パラグラフの6行目で述べられていますが、選択肢の "neurological disease"「神経の病気」をもつ人のパーセンテージではありません。

5. (A) は第1パラグラフの1行目にありますが、ヤヌスの神が見ることができるのは、the past「過去」と the future「未来」とあります。選択肢では、back と forward に言い換えられています。また (B) は、第2パラグラフの最終文である "We procrastinators, even 〜 done, almost never get it right." の部分と合致しています。また (C) も第2パラグラフの下から4行目の "Our behavior also 〜 around us." の部分に合致しています。(D) は、本文の最後の Steel 医師の発言と合致しません。"As you get better 〜 improve your ability to resist," の部分で「自己のセルフコントロールが遅延することの抑止になる」という趣旨のことが述べられています。

[Reading / 日本語試訳]

[1] 始まりと移り変わりのローマの神様であるヤヌスは、2つの顔を持っており、1つは過去を見るもの、もう1つは未来を見るものである。毎年はじめに、ローマの人々は、ヤヌスに祈りを捧げ、より良い人々になることを「決意し」、その後、新年の決意をする習慣が始まった。Time誌によれば、48パーセントのアメリカ人が、1月1日に決意をする。彼らは、体重を減らす、禁煙をする、そしてより多くの運動をするということを誓う。順番にトップ3の誓いである。65パーセントが、少なくとも1年のある時期には、彼らの決意を守っている一方で、「35パーセントは、はじめからそれを作ることさえしない」とTime誌は伝えている。同じことが、イギリスにも当てはまる。A University of Bristolの研究では、決意をした88％のイギリス人たちは、それらが開始される前でさえも、やめてしまうと認めている。

[2] なぜ、私たちは、それほどまでに私たちの決意を守ることや目標にたどり着くことができないのであろうか。主な犯人は、先延ばしであるようで、辞書では、それを「とりわけ習慣的な怠けや不注意から何かをすることを遅らせること」と定義している。私たちのほとんどは、ある点において物事をすることを遅らせる。神経学に関する研究は、先延ばしは、人間の脳内に「しっかり備わっている」ことさえあるかもしれないと指摘しているのだ。しかし、*Still Procrastinating? The No Regrets Guide to Getting It Done* の著者であるJoseph Ferrari教授は、私たちの20パーセントが「慢性的な遅延者」であるということを発見している。このカテゴリーの中にいる人々にとって、その知らせは良いものではない。統計では、遅れることのない人々と比べ、私たちは圧倒的に、裕福でも健康でも幸せでもないということが示されているのだ。私たちの絶え間なく続く先延ばしは、私たちに後悔、恥、そして自尊心の低下という生活に向かわせるのだ。私たちの行動は、私たちを社会的に迷惑なものにしてしまい、周りの人々の全てに不都合を生じさせ、困惑させてしまうのだ。「しかし、私は時間のプレッシャーの下、最善な仕事をする完璧主義者であるだけなのだ」と私たちは、自分達を甘やかすことが好きだ。間違っている。私たち先延ばしをする者は、何かをやりとげることが出来るときでさえ、大抵の場合、それをきちんやることはない。

[3] だから、もしあなたが常習的な「遅延者」であれば、また、もしあなたの新年の決意をただ守りたいと思うのであれば、何をするべきだろうか。Ferrari医師は、大切なことは、あなたの目標を公にするということだと述べている。他人に、あなたが何をするつもりなのかを言いなさい。「あなたが、あなた自身の中でのみ決意をするなら、誰もあなたをチェックしない」からだ。研究者の中には、そのことは、あなたの見方を変えるのに役立つことがあると述べる者もいる。「人々が、外部の観察者の見方から変化を感じるとき、彼らは自分達の努力に満足し、そのことが目標に向けて前進し続けるより大きなモチベーションを与えるのだ」と、Cornell Universityの心理学教授のThomas Gilovich氏は語る。しかし、University of Calgaryの教授であり、*The Procrastination Equation* の著者であるPiers Steel医師は、時代遅れの意思の力が、結局、遅延を克服するための最もよい道具であるかもしれないと述べている。「古い格言は正しい。つまり『あなたが出来ると信じようが、出来ないと信じようが、あなたはおそらく正しいのだ』ということだ。あなた自身のコントロールがより上手くなるにつれて、あなたが遅らせる誘惑に抵抗することができるかどうかの期待は上昇し、抵抗する能力を改善させる」とSteel医師は語る。

[Reading 選択肢 / 日本語試訳]

1. アメリカ人にとって、最も共通した新年の決意は ----- ことである。
   (A) もっと頻繁に運動をする　　(B) 禁煙をする
   (C) 体重を落とす　　(D) より良い、親切な人になる

2. 慢性的な遅延者は ----- と示唆されている。
   (A) 決して何も終わらせることができない
   (B) 彼らが思うほど、怠け者でも浅はかでもない
   (C) 遅延をしない人々に比べて、成功した満たされた生活を送らない
   (D) 時間のプレッシャーの下で、まさに本当に最善の仕事ができる

3. Thomas Gilovich の主な考え方は、----- ことだ。
   (A) 私たちは、より客観的に進歩を判断する必要はない
   (B) 怠け者で、意志の弱い人だけが、彼らの決意を守ることができない
   (C) 他人と私たちの目標を共有することは、私たちがそれらを達成する手助けになる
   (D) 流行遅れの意志の力は、本当に機能するというわけではない

4. 本文によれば、正しいものは何か。
   (A) アメリカ人の 48% が、実際に新年の決意を守り抜く。
   (B) イギリス人の 88% が、新年の非常に早い段階で、決意を捨てる。
   (C) 「先延ばしをする人」の 65% が「慢性的な遅延者」である。
   (D) 「遅延者」の 20% が、何らかの神経の病気を持つ。

5. 以下のうち、内容に合わないものはどれか。
   (A) ローマの神であるヤヌスは後ろを見る顔と前を見る顔の 2 つを持っていた。
   (B) ぎりぎりまで先延ばしする人々は、間違いをしたり、誤った仕事をする傾向がある。
   (C) 遅延者は、他人に多くのトラブルと不都合を引き起こす。
   (D) 自身のコントロールを高め、プロの心理学的手助けなしで遅らせようとする誘惑に抵抗することは不可能である。

[Listening / 解答と解説]

(1) ①　　(2) ③　　(3) ④　　(4) ④

(1) 第②文目で Bill Gates について述べられており、"Angelina Jolie" や "Beat Takeshi" と共に、"superachiever" の 1 人としてあげられています。第③文目で、目標を達成するためのアドバイスが掲載された本について述べていますが、"Bill Gates" との関係性は述べられていません。

(2) 第③文目で、設問の 2 人の人物について述べられています。"a new self-help book"「新しい自助的な（自己啓発の）本」の著書であることが分かります。

(3) 第 8 文目で、"question our beliefs and opinions"「自分の信念や意見を疑問視しなければならない」と述べ、最後の 3 文で、「目標を達成する人は良い聞き手となっており、他人の意見を心に留めておくこともする」という趣旨の内容が述べられています。そこから、④の「変

わらない信念や意見」が誤りであることが分かります。

(4) 第12文目に humility「謙虚さ」について述べられています。13文目以降で、相手の「話を聞き、必要ならば受け入れる」という趣旨の内容が述べられています。④の「家族や友人に愛情を注いでもらい、より多くのサポートをしてもらう」という内容と "humility" の関連性は述べられていません。

[Listening / 日本語訳]

　もし、あなたの目標をまさに達成するという事に対して満足していないとしたらどうだろうか。あなたが、ビル・ゲイツやアンジェリーナ・ジョリーやビートたけしのような「超目的達成者」になることを望んでいるとしたらどうだろうか。それならば、ここに、Camille Sweeney 氏と Josh Gosfield 氏による *The Art of Doing* というタイトルの新しい自助本からのあるアドバイスがある。もちろん、勤勉、知能、そして決意は、全て必要不可欠な特徴である。しかし、筆者たちは、超目標達成者になるために、私たちはいくつかの他の重要な資質を必要としていると語る。1つには、私たちは、「超」自意識である必要があるのだ。私たちは、非常に注意深く、正直に、私たち自身を見ることができる必要がある。私たちは、私たちの信念や意見について疑問視し、私たち自身を「再発明する」ために、それらを変えることができる必要があるのだ。もう1つには、私たちは、社会の一員でなければならない。私たちは、孤独になれるはずがない。私たちは、私たちをサポートし、忠告してくれる友人、家族、そして周りの人々が必要なのだ。そして、Sweeney 氏と Gosfield 氏は、ほとんどの超達成者は、もう1つの重要な資質を持っているということを発見した。「謙虚さ」である。超達成者は、良い聞き手である。彼らは、常に正しい事を主張しない。彼らは、実際に、他人が言わなければならないことを聞き、それを必要とされる場合には、快く受け入れるのだ。

(1) Bill Gates は何の例として引用されているか。
　① 人生で多くのことを達成した人　　② 極度に知能の高い人
　③ 孤独な子ども時代を送った人　　　④ 自助的な本の著者

(2) Sweeney 氏と Gosfield 氏は誰か。
　① Angelina Jolie に関する本の著者
　② 2人の超達成者
　③ 物事のやり方に関する自助的な本を書いた著者
　④ 知能や決意に関する科学的な研究に従事する心理学者

(3) あなたの目標を達成するために必要であるとして述べられていないものはどれか。
　① 勤勉さ　　　　　　　　　　　　② やり続ける能力
　③ 知能　　　　　　　　　　　　　④ 変わらない信念と意見

(4) Camillia Sweeney と Josh Gosfield は、謙虚さが私たちの目標を達成するのに重要であると語った際に、意図しないものはどれか。
　① それは、私たちを良い聞き手にする。
　② それは、私たちが常に正しいのではないということを理解させる。
　③ それは、他のアイデアや意見に対して心を開く。
　④ それは、友人や家族に感銘を与え、私たちをさらに愛し、サポートさせる。

語彙リスト ------ Reading

[1]
- god （名詞）神
- transition （名詞）移り変わり
- past （名詞）過去
- future （名詞）未来
- pray （動詞）祈る
- resolve （動詞）決心する
- thus （副詞）従って
- custom （名詞）習慣
- New Year's resolutions （熟語）新年の決意
- according to ～ （熟語）～によれば
- pledge to V原 （熟語）Vすることを誓う
- lose weight （熟語）体重を減らす
- quit smoking （熟語）禁煙をする
- exercise （動詞）運動をする
- vow （名詞）誓い
- at least （熟語）少なくとも
- out of the gate （熟語）始めてからすぐに
- hold true （熟語）（Sが）真実である
- admit （動詞）認める
- get started （熟語）開始する

[2]
- fail to V原 （熟語）Vすることができない
- meet one's goal （熟語）oneの目標を達成する
- main （形容詞）主な
- culprit （名詞）犯人
- appear to V原 （熟語）Vするように見える
- procrastination （名詞）遅らせること
- dictionary （名詞）辞書
- define （動詞）定義する
- delay （動詞）遅れさせる
- especially （副詞）特に
- out of ～ （熟語）～から
- habitual （形容詞）習慣的な
- laziness （名詞）怠惰
- carelessness （名詞）不注意
- put off ～ （熟語）～を延期する
- neurological （形容詞）神経学的な
- research （名詞）調査
- suggest （動詞）示唆する
- author （名詞）筆者
- chronic （形容詞）慢性的な
- procrastinator （名詞）物事を先延ばしにする人
- category （名詞）範疇
- statistics （名詞）統計
- overwhelmingly （副詞）圧倒的に
- wealthy （形容詞）裕福な
- healthy （形容詞）健康的な
- constant （形容詞）継続的な
- doom （動詞）運命づける
- regret （動詞）後悔する
- shame （名詞）恥
- lower （動詞）低くする
- self-esteem （名詞）自尊心
- nuisance （名詞）迷惑
- inconvenience （動詞）不便をかける
- annoy （動詞）悩ませる
- perfectionist （名詞）完璧主義者
- pressure of time （熟語）時間のプレッシャー
- kid ourselves （熟語）虫の良い考え方をする

- [ ] manage to V原　（熟語）Vすることができる
- [ ] get 〜 Vpp　（熟語）〜がVされてしまう
- [ ] get it right　（熟語）きちんと決着をつける

[3]
- [ ] putter-offer（名詞）物事を遅らせる人
- [ ] public　（形容詞）公の
- [ ] intend to V原　（熟語）Vする意図がある
- [ ] check up on 〜　（熟語）〜をチェックする
- [ ] help to V原（熟語）Vするのに役立つ
- [ ] perspective（名詞）観点
- [ ] perceive　（動詞）認識する
- [ ] outside　（形容詞）外部の
- [ ] observer　（名詞）観察者
- [ ] point of view　（熟語）観点
- [ ] psychology（名詞）心理学
- [ ] satisfaction（名詞）満足
- [ ] effort　（名詞）努力
- [ ] motivation（名詞）動機
- [ ] old-fashioned　（形容詞）古めかしい
- [ ] willpower　（名詞）意志の力
- [ ] tool　（名詞）道具
- [ ] overcome　（動詞）克服する
- [ ] after all　（熟語）結局
- [ ] self-control（名詞）自己統制
- [ ] expectancy（名詞）予期
- [ ] resist　（動詞）抵抗する
- [ ] temptation（名詞）誘惑
- [ ] go up　（熟語）上昇する
- [ ] improve　（動詞）改善する
- [ ] ability　（名詞）能力

語彙リスト ------- Listening
- [ ] What if S V?　（構文）SがVしたらどうなるのか
- [ ] be satisfied with 〜　（熟語）〜を満足している
- [ ] goal　（名詞）目標
- [ ] superachiever（名詞）目標を達成する人
- [ ] Bill Gates　（名詞）ビル・ゲイツ
- [ ] Angelina Jolie（名詞）アンジェリーナ・ジョリー
- [ ] Beat Takeshi（名詞）ビートたけし
- [ ] Here is 〜 .（熟語）ここに〜がある
- [ ] advice　（名詞）アドバイス、忠告
- [ ] self-help　（形容詞）自助となる
- [ ] entitle　（動詞）タイトルをつける
- [ ] intelligence（名詞）知能
- [ ] determination（名詞）決定、決心
- [ ] essential（形容詞）必要不可欠な
- [ ] trait　（名詞）特徴、資質
- [ ] author　（名詞）筆者
- [ ] quality　（名詞）特徴、質
- [ ] self-aware（形容詞）自意識の
- [ ] carefully（副詞）注意深く
- [ ] honestly（副詞）正直に
- [ ] belief　（名詞）信念、信じること
- [ ] opinion　（名詞）意見
- [ ] reinvent　（動詞）再発明する
- [ ] part of 〜　（熟語）〜の一部
- [ ] community（名詞）地域社会
- [ ] loner　（名詞）孤独者
- [ ] support　（動詞）支援する
- [ ] advise　（動詞）忠告する
- [ ] vital　（形容詞）重要な
- [ ] humility（名詞）謙虚さ
- [ ] insist on 〜（熟語）〜を主張する
- [ ] all the time（熟語）常に
- [ ] actually　（副詞）実際に
- [ ] take 〜 to heart　（熟語）〜を喜んで受け入れる

DAY 6 — Reading

Read the following passage and answer the questions.
（以下の文章を読んで以下の問いに答えなさい）

　The old "science" of physiognomy claimed that you could tell people's personality by their (1) — the length of the nose, the shape of the eyes, the cut of the chin. Physiognomy has been dismissed as having no scientific basis or usefulness. But it does illustrate a natural human tendency to try to get clues to character from looks. In fact, we still do judge personality—whether people are honest or devious, inept or competent, clever or stupid—by their facial features and body types. First impressions are usually very strong and surprisingly (2) to get over.

　Why and how we make these first impressions is a question that neuroscience is attempting to answer. (3), a University of Prague study reported in the journal *PLOS ONE* that men with brown eyes are judged as (4) than men with blue eyes. But upon further examination, it wasn't the color of the eyes that made them seem more honest, but the face around those eyes. Facial analysis showed that the brown-eyed men used in the study were more "baby-faced" and cheerful looking, which, perhaps, is more closely identified with trustworthiness in people's minds. But why this is so is a matter of (5), as is why brown eyes so often come in baby faces. And whether baby-faced men actually are more trustworthy is another question altogether.

　"A man's character is his fate," said the ancient Greek philosopher Heraclitus. Are our personalities fixed, regardless of what our appearance may say about them? No they aren't, or so says a University of Illinois study reported by the online news site *LiveScience*. Until now, it was believed that psychiatric treatment only changed people's behavior, not their character. But the Illinois study concludes that psychotherapy actually (6) people's core personality—turning a negative, introverted person into one who is more sociable, outgoing, and positive, for example—not just their (7). This may upset a lot of people, says Brent Roberts, who led the study, because "people feel like you're screwing with somebody's intrinsic nature." But Roberts believes the results indicate a new direction for mental-health therapy. It could mean that there is hope for the improved treatment of people with unhealthy habits like drug addiction, alcoholism, and overeating, all of which science now shows are related to character traits.

　Psychology Today agrees. "Neuroplasticity, the brain's capacity to grow and change, has been clearly confirmed in human adults," the magazine says. Every experience in our life alters our brain for good. "Such changes are associated with increased and more balanced empathy, faster recovery after an argument, and decreased negativity." (8), we have the power to change our character, no matter what we look like.

1. ① appearance　② way of thinking　③ voice　④ actions

2. ① confusing　② dangerous　③ tough　④ simple

3. ① On the contrary　② What's more　③ As a result　④ For example

4. ① less demanding　② more trustworthy　③ less energetic　④ more talkative

5. ① creativity　② development　③ definition　④ speculation

6. ① alters　② destroys　③ introduces　④ explains

7. ① facial features　② logical thinking　③ outward behavior　④ critical comments

8. ① Unfortunately　② Like it or not　③ In other words　④ In contrast

解答欄

| 1. | 2. | 3. | 4. | 5. | 6. | 7. | 8. |

DAY 6　　　　　　　　　　　　　　　　　　　　　*Listening*

Listen to the short talk and then choose the best answer to each question below.

次の英文を聞いて以下の問いに答えなさい。

(1) Who is Robert Phipps？
① A university professor
② An engineer
③ A well-known author
④ An expert on body language

(2) What character traits might a person have if he or she sleeps in the fetal position?
① inflexibility and stubbornness
② shyness and sensitivity
③ short attention span and carelessness
④ indifference to time and money

(3) How do you sleep if you sleep in the "free fall" position?
① You curl your body up into a ball.
② You lie on your side with your legs straight line.
③ You lie on your side with your arms stretched out.
④ You lie on your stomach with your legs spread.

(4) Which of these is true according to the passage?
① All experts agree on the relationship between a person's sleep position and his or her personality.
② There is a close relationship between a person's sleep position and his or her character.
③ Some experts disagree with Robert Philipps's identification of certain sleep positions and their corresponding personality traits.
④ You can change your character simply by changing the position in which you sleep.

解答欄

| 1. | 2. | 3. | 4. |

Dictation Exercise

音声を聞いて、次の空欄に当てはまる語（句）を書き取りなさい。

① Does the way you sleep offer clues to your personality? ② According to some studies, the answer is yes. ③ For example, British body-language expert Robert Phipps has identified _____ _____. ④ First and most common is the fetal position, where you curl your body up into a little ball. ⑤ If you sleep like this, _____. ⑥ The second sleeper type is the log position, where you lie on your side with your legs in a straight line and your arms reaching down along your sides. ⑦ If that's how you sleep, _____. ⑧ The third position is the yearner, where you also sleep on your side, but with your arms stretched out in front of you. ⑨ If you sleep like this, _____ _____. ⑩ The fourth position, says Phipps, is the freefall, where you lie on your stomach with your legs spread and your hands out beside you all over the bed. ⑪ If that's you, you are seeking _____ _____ during waking hours. ⑫ Other so-called sleep experts, however, attribute different personality traits to each of these sleeper positions, which suggests that perhaps sleep position as a way to judge character is no more scientific or reliable than blood type.

Script

リスニング問題の完全スクリプトです。何度もシャドーイングして、身につけよう！

① Does the way you sleep offer clues to your personality? ② According to some studies, the answer is yes. ③ For example, British body-language expert Robert Phipps has identified <u>four basic sleeper types and the character traits that those types supposedly exhibit</u>. ④ First and most common is the fetal position, where you curl your body up into a little ball. ⑤ If you sleep like this, <u>you have a tendency to be shy and sensitive and to worry a lot</u>. ⑥ The second sleeper type is the log position, where you lie on your side with your legs in a straight line and your arms reaching down along your sides. ⑦ If that's how you sleep, <u>you may be a little inflexible and stubborn</u>. ⑧ The third position is the yearner, where you also sleep on your side, but with your arms stretched out in front of you. ⑨ If you sleep like this, <u>you have big dreams but lack focus and tend to waste time</u>. ⑩ The fourth position, says Phipps, is the freefall, where you lie on your stomach with your legs spread and your hands out beside you all over the bed. ⑪ If that's you, you are seeking <u>control of time and space that you don't feel you have</u> during waking hours. ⑫ Other so-called sleep experts, however, attribute different personality traits to each of these sleeper positions, which suggests that perhaps sleep position as a way to judge character is no more scientific or reliable than blood type.

[Reading / 解答と解説]

1. ①　　**2.** ③　　**3.** ④　　**4.** ②　　**5.** ④　　**6.** ①　　**7.** ③　　**8.** ③

1. 空所の後ろで、—（ダッシュ）があります。ダッシュは、前に書かれていた内容を具体的に表したり、言い換えたりする働きをします。"the nose, ～ the eyes, ～ the chin" の部分で「鼻、目、あご」と述べられています。これらをまとめた選択肢の「外見」が正解であることが分かります。
① 見た目　　② 考え方　　③ 声　　④ 行動

2. 直前で、"First impression are ～ strong"「第一印象は、通常、非常に強力である」の述べられています。その部分を合わせて考えると「克服することは非常に『難しい』」という内容になることが予測できます。
① 混乱させるような　　② 危険な　　③ 難しい　　④ 単純な

3. 空所の前の部分で、「第一印象を抱く理由や持ち方を解明しようとしている」という趣旨の文があります。また空所に続く文章と、次の "But" から始まる文章では、目の色や目の周りが人の印象を決定づける要素になっているかどうかを調べる研究が紹介されています。第一印象に関する研究の例として「目の色」を挙げていることが分かるため、具体例を表す "For example" を入れることが分かります。
① それどころか　　② さらに　　③ 結果として　　④ 例えば

4. 次の "But" から始まる文章では "it wasn't ～ made them seem more honest" では「目の色」からは「人の誠実さ」が判断できるのではなく、「目の周辺の顔つき」が要因となっているという内容が述べられています。ここでは、「目」と「誠実さ」の相関関係がテーマになっていることが分かります。
① 厳しくない　　　　　　　　② より信頼に値する
③ エネルギッシュではない　　④ より話し好きである

5. 文頭の "But" に注目をしてみましょう。前の文では、"closely identified" で「密接に関連付けられている」という内容が述べられています。そのため、「しかし、なぜそうなのかは … である」という内容では、「…」の部分には、「はっきりしない」のような語が入ることが予測できます。
① 創造性　　② 発達　　③ 定義　　④ 推測

6. 空所の前文では、"psychiatric treatment only changed ～ behavior, not their character." とあり、「行動を変えるだけで性格を変えるのではない」とあります。空所の部分には、文頭に逆接の "But" があることから、その逆の内容を考えます。そこから "core personality"「中核をなす性格」にも影響を与えていること推測することができます。
① 変える　　② 破壊する　　③ 導入する　　④ 説明する

7. 空所（6）の後ろに具体化を表すサインである —（ダッシュは）core personality を言い換えています。"turning 〜 for example" は、ネガティブで内向的な性格を社交的に明るい性格に変えると述べられています。その直後に空所(7)はあり、not just が直前に置かれています。"not just" は "not only" や "not merely" と同じように「〜だけではなく」という意味で使います。これまで述べられてきた内向的な性格を外交的にするような内面だけではなく、「人の外側の行動」にも影響を与えるという意味の語句が入ることが予測できます。
① 顔の特徴　　　② 論理的な思考　　**③ 外側の行動**　　④ 批判的なコメント

8. 最終パラグラフの 1 行目で "the brain's capacity to grow and change, has been clearly confirmed 〜 ." で「脳が成長したり、変化したりする能力は、確認されている」と述べられています。また、次の分でも、"alters our brain" で「脳を変える」という趣旨の内容が述べられています。空所の後ろでも、"we 〜 power to change our character"「私たちの個性を変える力を持つ」という同様の内容が述べられていることから、言い換えた語句が入ることが分かります。
① 不幸にも　　② 好もうとそうでなかろうと　　**③ 言い換えれば**　　④ 対照的に

[Reading / 日本語試訳]

[1] 人相学の古い「科学」は、あなたは、鼻の長さ、目の形、あごの輪郭のような人々の見た目によってその人の性格をはっきりさせることができると主張した。人相学は、科学的の根拠や有用性がないとして却下されている。しかし、それは見た目から個性に対する手がかりを得ようとする自然な人間の傾向を実証している。実際に、私たちは、人々が正直か邪悪か、無能か有能か、賢いか愚かかということに関わらず、依然として、顔の特徴や体のタイプによって、性格を判断している。第一印象は、普通、強烈であり、驚くべきほどに克服するのが難しい。

[2] 私たちがこれらの第一印象を作る理由や方法は、神経科学が解き明かそうとしている疑問である。例えば、ジャーナル誌の *PLOS ONE* の中で a University of Prague の研究は、茶色の目をした男性は、青色の目をした男性よりも信頼に値するという報告をした。しかし、さらなる調査では、彼らをより誠実に見せるのは、目の色ではなく、目の周りの顔であった。顔の分析は、研究で用いられた茶色の目の男性は、より「童顔」であり、快活な見た目をしており、おそらく、それが人々の心の中での信頼度とより綿密に関わりを持っているのだ。しかし、これがなぜそうであるのかは推測の事柄であり、それは茶色の目が童顔の顔にしばしば伴う理由も同じである。そして、童顔の男性が実際に信頼に値するかどうかは、全く別の問題である。

[3]「人の個性は、その人の運命である」と古代ギリシャの哲学者の Heraclitus は語った。私たちの性格は、私たちの外見がそれらについて伝えていることと無関係で、決定しているのか。そうではない、また *LiveScience* のオンラインニュースサイトによって報告された a University of Illinois の研究でその通りだと述べている。現在まで、精神科医の治療は、人々の行動を変えるのみで性格を変えるものではないと信じられていた。しかし、the Illinois の研究は、心理療法は、実際には人々のコアとなる性格を変える、つまり、例えば、消極的

で内向的な人を、人付き合いが良く外交的で積極的な人物に変える、単に外見を変えるだけではない、と結論づけている。これは、「人々は、ある人物の本来持っている性格をもて遊んでいるように感じる」ので、多くの人々を驚かせるかもしれないと研究を中心におこなった Brent Roberts 氏は語る。しかし、Roberts 氏は、結果は、精神健康治療の新しい方向性を示すものであると信じている。それは、麻薬中毒、アルコール中毒、そして過食症のような、不健康な習慣を持つ人々の改善される治療のための希望となることを意味する。というのも、これらの全ては、現在、科学的見地においては、個性と関係していると示されているからである。

[4] *Psychology Today* は同意している。「神経可塑性、つまり脳の成長や変化する能力は、人間の成人の中で明らかに確認されている」と雑誌は語る。全ての私たちの人生での経験は、永久的に脳を変えてしまう。「このような変化は、増加した、よりバランスのとれた共感性、議論の後のより早い回復と消極性の減少と関係している」というのだ。言い換えれば、私たちは、私たちがどのように見えていたとしても、私たちの性格を変える力を持っているということだ。

[Listening / 解答と解説]

(1) ④　　(2) ②　　(3) ④　　(4) ③

(1) 第③文目に、"Robert Phipps" が登場しています。直前で "British body-language expert" とあります。選択肢の①②③に関しては、本文に出てきていません。

(2) 第④文目と第⑤文目に該当します。第④文目では、具体的にどのような姿勢で眠るのか、また第⑤文目では、その姿勢が示す性格的な特徴は "to be shy and sensitive and to worry a lot" であると述べられています。選択肢①は、2つ目のタイプとして紹介されている "the log position"（丸太の姿勢）から考えられる性格なので誤りです。

(3) 第⑩文目が該当しています。①は「胎児の姿勢」②は「丸太の姿勢」③は「ヤーナー姿勢」として紹介されています。

(4) 第⑫文目に関する問題です。この文章では、4つの睡眠時の姿勢が Phipps 氏の紹介したものと異なった性格を表すことがあるという意味で、Phipps 氏の見解に反論していることが分かります。特に、however のようなストーリーの流れを決定するような語（句）を注意して聞いてみましょう。

[Listening / 日本語訳]

あなたの眠り方は、あなたの性格に手がかりを提供するだろうか。いくつかの研究によれば、その答えはイエスである。例えば、イギリスのボディ・ランゲージ専門家の Robert Phipps 氏は、4つの基本的な睡眠者タイプとそれらのタイプが仮説として示す性格的特性を特定している。最初に、そして最も一般的なのは、胎児の姿勢であり、そこではあなたは小さなボールのようにあなたの体を丸めるのだ。もしあなたが、このように眠るなら、恥ずかしがり屋で繊細、そして非常に心配性である傾向があるのかもしれない。2つ目の睡眠者タイプは丸太姿勢であり、真っすぐに足を伸ばして横向けになり、横向けの姿勢に

沿って腕を真っすぐ下ろしている。もし、それがあなたの眠り方であれば、少し柔軟性がなく、頑固者であるのかもしれない。3つ目の姿勢はヤーナーであり、その場合でも横向けになった状態で眠るが、腕は、あなたの目の前に伸ばしている状態である。もしあなたがこのような状態で眠るのであれば、あなたは大きな夢を持っているが、集中に欠けており、時間の無駄をする傾向にある。4つ目の姿勢は、Phipps 氏が語るところのフリーフォールである。その姿勢では、あなたは腹這いになって、足を広げ、そして手は頭上で、横に広げた状態で横になっている。もしそれがあなたであれば、起きている間あなたが持っていると感じていない時間と空間をコントロールすることを求めているのだ。しかしながら、他のいわゆる睡眠専門家の中には、異なった人格的特徴が、これらの睡眠者の姿勢のそれぞれに影響を与えると考える人もいる。おそらく、それは、性格を診断する方法としての睡眠の姿勢は、血液と同様に科学的でもなく、信憑性のあるものではないと示唆している。

(1) Robert Phipps は誰か。
  ① 大学教授　　　　　　　　② エンジニア
  ③ 有名な著者　　　　　　　④ ボディランゲージの専門家

(2) もし、胎児の姿勢で寝ると、その人はどのような性格を持っている可能性があるか。
  ① 柔軟性がなく頑固　　　　② 恥ずかしがりで繊細
  ③ 注意力が短かく不注意　　④ 時間とお金に無関心

(3) フリーフォールの姿勢で眠るなら、あなたはどのように眠るのか。
  ① あはたは、体を丸め、ボールのようになる。
  ② あなたは、横を向いて、足をまっすぐにする。
  ③ あなたは、横を向いて、腕を伸ばす。
  ④ あなたは、腹ばいになり、足を広げる。

(4) パッセージの内容に合うものはどれか。
  ① 眠る人の姿勢と、その人の性格的特徴の関係性は、すべての専門家の間で完全に一致している。
  ② 眠る人の姿勢とその人の特徴は、密接な関係性がある。
  ③ 専門家の中には、Robert Philips 氏の寝るときの姿勢と付随して起こる人の性格の特定に対して、異を唱えている者もいる。
  ④ あなたは、単純に眠る姿勢を変えることによって、あなたの性格を変えることができる。

語彙リスト ------ Reading

[1]
- science (名詞) 科学
- physiognomy (名詞) 人相（学）
- claim (動詞) 主張する
- personality (名詞) 個性
- appearance (名詞) 外観
- length (名詞) 長さ
- shape (名詞) 形
- cut (名詞) 切り込み
- chin (名詞) あご
- dismiss (動詞) 却下する
- scientific (形容詞) 科学的な
- basis (名詞) 偏見
- usefulness (名詞) 役に立つこと
- illustrate (動詞) 立証する
- natural (形容詞) 自然の
- tendency (名詞) 傾向
- clue (名詞) 手がかり
- character (名詞) 性格、性質
- looks (名詞) 見た目
- in fact (熟語) 実際に
- still (副詞) まだ
- judge (動詞) 判断する
- devious (形容詞) 心が曲がった
- inept (形容詞) 無能な
- competent (形容詞) 有能な
- clever (形容詞) かしこい
- stupid (形容詞) 愚かな
- facial (形容詞) 顔の
- feature (名詞) 特徴
- body (名詞) 体
- type (名詞) タイプ
- first impression (熟語) 第一印象
- surprisingly (副詞) 驚くべきことに
- tough (形容詞) 頑丈な
- get over ～ (熟語) ～を克服する

[2]
- neuroscience (名詞) 神経科学
- attempt to V原 (熟語) Vすることを試みる
- report (動詞) 報告する
- brown (形容詞) 茶色の
- trustworthy (形容詞) 信頼に値する
- further (形容詞) さらなる
- examination (名詞) 調査、試験
- color (名詞) 色
- seem (動詞) 見える
- analysis (名詞) 分析
- brown-eyed (形容詞) 茶色の目をした
- baby-faced (形容詞) ベビーフェイスをした
- cheerful (形容詞) 元気な
- perhaps (副詞) おそらく
- be identified with ～ (熟語) ～だと特定する
- closely (副詞) 密接に
- trustworthiness (名詞) 信頼に値すること
- mind (名詞) 心、精神
- a matter of ～ (熟語) ～の問題
- speculation (名詞) 推測
- actually (副詞) 実際に
- altogether (副詞) 全く

[3]
- fate (名詞) 運命
- ancient (形容詞) 古代の
- Greek (形容詞) ギリシャの
- philosopher (名詞) 哲学者
- fix (動詞) 固める
- regardless of ～ (熟語) ～に関わらず
- appearance (名詞) 外見
- online news site (熟語) オンラインのニュースサイト
- psychiatric (形容詞) 神経医学の
- treatment (名詞) 治療
- change (動詞) 変える
- behavior (名詞) 行動
- conclude (動詞) 結論づける
- psychotherapy (名詞) 心理療法
- alter (動詞) 変える
- core (名詞) コア
- turn ～ into … (熟語) ～を…に変える
- negative (形容詞) 否定的な、消極的な
- introverted (形容詞) 内向的な
- sociable (形容詞) 愛想の良い
- outgoing (形容詞) 社交的な
- positive (形容詞) 積極的な、肯定的な
- not just ～ (熟語) ～だけではなく
- outward (形容詞) 外の
- upset (動詞) 困らせる
- lead (動詞) 導く
- screw with ～ (熟語) ～を弄ぶ

- [ ] intrinsic　（形容詞）本来備わっている
- [ ] nature　（名詞）性質
- [ ] result　（名詞）結果
- [ ] indicate　（動詞）示す
- [ ] direction　（名詞）方向
- [ ] mental-health　（名詞）心の健康
- [ ] therapy　（名詞）治療
- [ ] improved　（形容詞）改善された
- [ ] treatment　（名詞）治療
- [ ] unhealthy　（形容詞）不健康な
- [ ] habit　（名詞）習慣
- [ ] drug addiction　（熟語）薬中毒
- [ ] alcoholism　（名詞）アルコール中毒
- [ ] overeat　（動詞）食べ過ぎる
- [ ] be related to ～　（熟語）～と関連している
- [ ] trait　（名詞）特徴

[4]
- [ ] agree　（動詞）同意する
- [ ] neuroplasticity　（名詞）神経可塑性
- [ ] capacity　（名詞）能力
- [ ] confirm　（動詞）確認する
- [ ] clearly　（副詞）明らかに
- [ ] adult　（名詞）成人
- [ ] experience　（名詞）経験
- [ ] be associated with ～　（熟語）～と関連している
- [ ] increased　（形容詞）増加した
- [ ] balanced　（形容詞）バランスのとれた
- [ ] empathy　（名詞）共感
- [ ] recovery　（名詞）回復
- [ ] argument　（名詞）議論
- [ ] decreased　（形容詞）減少した
- [ ] negativity　（名詞）否定
- [ ] in other words　（熟語）言い換えれば
- [ ] power　（名詞）力
- [ ] no matter what S V　（構文）たとえSが何をVしたとしても
- [ ] look like ～　（熟語）～のように見える

語彙リスト ------ Listening
- [ ] offer　（動詞）提供する
- [ ] clue　（名詞）手がかり
- [ ] personality　（名詞）性格
- [ ] according to ～　（熟語）～によれば
- [ ] for example　（熟語）例えば

- [ ] British　（形容詞）イギリスの
- [ ] body-language　（名詞）ボディ・ランゲージ
- [ ] expert　（名詞）専門家
- [ ] identify　（動詞）特定する
- [ ] type　（名詞）タイプ
- [ ] character　（名詞）性格
- [ ] trait　（名詞）特徴
- [ ] supposedly　（副詞）おそらく
- [ ] exhibit　（動詞）示す
- [ ] common　（形容詞）共通の、よくある
- [ ] fetal　（形容詞）胎児の
- [ ] position　（名詞）姿勢
- [ ] curl ～ up　（熟語）～を完全に丸める
- [ ] tendency　（名詞）傾向
- [ ] shy　（形容詞）恥ずかしがりの
- [ ] sensitive　（形容詞）敏感な
- [ ] worry　（動詞）心配する
- [ ] log　（名詞）丸太
- [ ] lie on one's side　（熟語）横向きになって寝る
- [ ] straight　（形容詞）真っすぐな
- [ ] line　（名詞）ライン
- [ ] arm　（名詞）腕
- [ ] inflexible　（形容詞）柔軟性のない
- [ ] stubborn　（形容詞）頑固な
- [ ] stretch out ～　（熟語）～を伸ばす
- [ ] lack　（動詞）欠く
- [ ] focus　（名詞）焦点
- [ ] tend to V　（熟語）Vする傾向がある
- [ ] waste time　（熟語）時間を無駄にする
- [ ] lie on one's stomach　（熟語）腹ばいになって寝る
- [ ] spread　（動詞）広げる
- [ ] seek　（動詞）探し求める
- [ ] space　（名詞）空間
- [ ] waking hour　（熟語）起きている時間
- [ ] so-called　（熟語）いわゆる
- [ ] attribute ～ to …　（熟語）～を…のせいにする
- [ ] perhaps　（副詞）おそらく
- [ ] judge　（動詞）判断する
- [ ] no more ～ than …　（熟語）…と同様に～ではない
- [ ] blood type　（熟語）血液型

DAY 7 — Reading

Read the following passage and answer the questions.
(以下の文章を読んで以下の問いに答えなさい)

"One of the sad truths from the study of prejudice is that it is easy to get people to show (1) attitudes toward people who do not belong to the same 'group,'" says Psychology and Life. The text cites a classic 1981 Dutch experiment in which subjects were randomly (2) into two groups, one blue, one green. Depending on their group membership, subjects were given either blue or green pens and asked to write on either blue or green paper. The researchers then interviewed subjects in terms of their group color. "Though these color categories had no intrinsic psychological significance, and assignment to the groups was completely (3), subjects gave a more positive evaluation of their own group," the study revealed. This, says Psychology and Life, is an example of "in-group bias, an evaluation of one's own group as better than others. People defined as part of the out-group almost instantly are candidates for hostile feelings and unfair treatment."

Prejudice and its origins have been the focus of several recent studies. One, done at Belgium's Ghent University and reported in Current Directions in Psychological Science, says that prejudice isn't always "ideological" but grows out of a much deeper psychological need. Prejudiced people have a particularly strong aversion to and fear of the unknown and hate uncertainty, said Dr. Arne Roets, one of the researchers. To reduce this ambiguity, they (4) the most obvious information and stereotypes. "The easiest and fastest way to judge is to say, for example, OK, this person is a black man. If you use your ideas about what black men are generally like, that's an easy way to have an opinion about that person." Roets thinks the findings will be useful in reducing people's prejudice. "If prejudiced people who need quick answers meet people from other groups and like them personally, they are likely to use this new positive experience to (5) their views of the whole group."

PLOS ONE recently reported a study conducted at Britain's Kent and Sheffield universities that reached a (6) conclusion—that exposure to diversity helps reduce prejudice toward different groups. Participants in the study were asked to think of "(7) of social categories": for example, fat model, female truck driver, or male nurse. Just imagining such unconventional combinations fostered participants' egalitarian beliefs, openness, and "cognitive flexibility." A field test of this "intervention strategy" in ethnically diverse Macedonia proved that it can "increase trust and reconciliatory tendencies toward (8) ethnic groups." Professor Milica Vasiljevic, who co-authored the study, concluded: "This novel intervention represents a first step toward developing viable strategies that target prejudice toward one group in society, with the aim of promoting a more tolerant society in general."

classic よく知られた、有名な　　egalitarian 平等主義の

1. ① active ② negative ③ positive ④ sensitive

2. ① delivered ② divided ③ declined ④ demonstrated

3. ① arbitrary ② affirmative ③ abstract ④ extreme

4. ① fall back on ② take into account ③ make light of ④ come up with

5. ① comprehend ② accept ③ reform ④ neglect

6. ① selected ② spectacular ③ similar ④ satisfactory

7. ① easy distinctions ② definite conclusions
   ③ common features ④ surprising combinations

8. ① fundamental ② interesting ③ multiple ④ special

解答欄

| 1. | 2. | 3. | 4. | 5. | 6. | 7. | 8. |

DAY 7　　　　　　　　　　　　　　　　　　　　　　　*Listening*

Listen to the short talk and then choose the best answer to each questions below.
次の英文を聞いて以下の問いに答えなさい。

(1) What is stereotyping not mentioned as being based on ?
　① gender
　② race
　③ religion
　④ belongings

(2) What is NOT a negative consequence of a person's or group's being stereotyped?
　① a serious loss in self-esteem
　② a change in behavior and performance
　③ hostility toward that person or group
　④ conflict among different groups of people

(3) Who is Aaron Kay?
　① the author of a book about Asians
　② a victim of stereotyping
　③ a researcher at Duke University
　④ a math professor

(4) Why can positive stereotypes also be dangerous?
　① They can take away people's individuality.
　② They can cause religious differences.
　③ They might even give rise to wars.
　④ They may allow only a few people to become rich.

解答欄

1.　　　2.　　　3.　　　4.

Dictation Exercise
音声を聞いて、次の空欄に当てはまる語（句）を書き取りなさい。

① Stereotypes are general ideas or beliefs we have about a group of people. ② These ideas are _____. ③ When we see a person as a stereotype, we judge him or her by the ideas we hold about all the members of his or her group. ④ Stereotyping, in other words, _____ _____ based on gender, race, age, religion, or other identity factor. ⑤ Being stereotyped can have various harmful psychological consequences for those who experience it. ⑥ It can, for one thing, change or skew a person's view of him- or herself, causing a serious loss in self-esteem and _____. ⑦ The unfairness of being stereotyped can also make its victims bitter and hostile towards people they encounter and even towards society and the human race in general. ⑧ Interestingly, even positive stereotypes—images of groups that we see as praise or compliments—can also be dangerous. ⑨ Tests conducted at Duke University show that _____, for example, or that Asians are math wizards, or that gay men are creative, can be even more toxic than negative stereotypes. ⑩ Why? ⑪ Because, says Aaron Kay, the study leader, they reinforce people's general beliefs about group biological differences and can even give rise to other negative stereotypes. ⑫ And _____ by it. ⑬ Being positively stereotyped, they say, takes away from their individuality.

Script
リスニング問題の完全スクリプトです。何度もシャドーイングして、身につけよう！

① Stereotypes are general ideas or beliefs we have about a group of people. ② These ideas are <u>based on insufficient or mistaken information</u>. ③ When we see a person as a stereotype, we judge him or her by the ideas we hold about all the members of his or her group. ④ Stereotyping, in other words, <u>is a type of prejudice or discrimination that labels people</u> based on gender, race, age, religion, or other identity factor. ⑤ Being stereotyped can have various harmful psychological consequences for those who experience it. ⑥ It can, for one thing, change or skew a person's view of him- or herself, causing a serious loss in self-esteem and <u>influencing his or her behavior and performance</u>. ⑦ The unfairness of being stereotyped can also make its victims bitter and hostile towards people they encounter and even towards society and the human race in general. ⑧ Interestingly, even positive stereotypes—images of groups that we see as praise or compliments—can also be dangerous. ⑨ Tests conducted at Duke University show that <u>saying that women are innately tender and kind</u>, for example, or that Asians are math wizards, or that gay men are creative, can be even more toxic than negative stereotypes. ⑩ Why? ⑪ Because, says Aaron Kay, the study leader, they reinforce people's general beliefs about group biological differences and can even give rise to other negative stereotypes. ⑫ And <u>people who are the targets of positive stereotyping are actually upset</u> by it. ⑬ Being positively stereotyped, they say, takes away from their individuality.

[Reading / 解答と解説]

1. ②　　2. ②　　3. ①　　4. ①　　5. ③　　6. ③　　7. ④　　8. ③

1.　第1文目に "the sad truth" とあることから、マイナスのイメージの "attitude"「態度」であることを予測することができます。また、パラグラフを読み進めていくと、自分の属する集団のことは肯定的に捉えることに対して、自分の属さない集団に対しては、否定的に捉えるということが本文で述べられています。
① 積極的な　　② 否定的な　　③ 肯定的な　　④ 敏感な

2.　空所の後ろに、"one blue, one green," とあることから「グループを２つに分割した」と書かれていることがと分かります、divide「分割する」は、divide ～ into …「～を…に分割する」という表現で覚えておきたい動詞です。ここでは、受動態の形（be divided into ～）で使われています。
① 配達する　　② 分割する　　③ 低下する　　④ 証明する

3.　空所を含む文章の先頭にある接続詞の Though に注目しましょう。Though S1 V1 ～ , S2 V2 …「S1 が V1 するが、S2 は V2 する」のようにそれぞれの節が逆の意味になると考えることができます。S2 V2 の部分では、「被験者たちは、自分たちのグループに対してより肯定的な評価をした」とあります。それと逆の意味のつながりを持つように、"assignment"「割り当ては…である」の部分に入るものを選ぶことになります。
① 気まぐれな　　② 断定的な　　③ 抽象的な　　④ 極度な

4.　空所を含む文の次の文に具体例を表す "for example" が書かれています。この部分では「『黒人は…だ』というように簡単に決めつけることが判断をする際の最も素早い、容易な方法だ」と述べられています。そこから、空所の後ろの "the most obvious ～ stereotypes"「最もはっきりした情報やステレオタイプ」を「利用する・頼る」という意味の語句が入ることが分かります。
① 頼る　　② 説明する　　③ からかう　　④ 屈する

5.　空所の前半にある If 節をまとめると「ある偏見を持った人が他のグループの人に出会い、その人たちを好きになるとすれば」という内容です。主節に該当する "they are likely to ～" の部分では、「新しい経験から、彼らに対する肯定的な見方をするようになる」という趣旨の内容を作ることが分かります。
① 理解する　　② 受け入れる　　③ 修正する　　④ 無視する

6.　空所の後ろにある ―（ダッシュ）は前に出てきた内容の言い換えをする役割をするサインです。その部分では、「多様性に触れることは、異なったグループに対する偏見を軽減する手助けになる」と述べられています。第２パラグラフの後半の内容でも、「自分とは異なるグループと交わることで、否定的な偏見を肯定的な偏見へと変える」と述べられています。
① 選ばれた　　② 目を見張らせる　　③ 同様の　　④ 満足のいく

72

7. 空所の後ろにある：（コロン）も ―（ダッシュ）とよく似て、前の内容の言い換えや具体化をする役割をします。また、具体例を表す "for example"「例えば」も用いられています。その後には、「太ったモデル」「女性のトラックの運転手」「男性ナース」が並べられており、その後ろの文章では、"such unconventional combinations"「このような慣例にはまらない組み合わせ」とあります。指示語として働く "such" は「このような」があることから、"unconventional combinations" は、上記の３つであることが分かります。
① 簡単な区別　　② 確かな結果　　③ 共通の特徴　　④ 驚くべき組み合わせ

8. 最終文で、"with the aim of promoting a more tolerant society"「より寛容性のある社会を促進させる目的で」とあり、あるグループに対する偏見をなくす戦略の存在について述べられています。「（多様な）民族グループに対する信頼や調和を促進させる」ことを目指していることが分かります。
① 根本的な　　② 興味深い　　③ 複数の、多様な　　④ 特別な

［Reading / 日本語訳］

[1]「偏見の研究からの悲しい真実の１つは、同じ『グループ』に属さない人々に対して、否定的な態度を人々に示させることは簡単であるということだ」と *Psychology and Life* は語っている。そのテキストは、1981年の古いオランダの実験を引用しており、その中で、被験者たちは青と緑の２つのグループに無作為に分けられた。彼らのグループに従って、被験者達は、青か緑のどちらかのペンを与えられ、青か緑の紙のどちらかに書くように求められた。そして、研究者たちは、グループの色に関して、被験者たちにインタビューをした。「これらの色のカテゴリーは、本来持っている心理学的な重要性を持たず、グループへの割当は完全に無造作であったが、被験者は、自分自身のグループに対して、より肯定的な評価を与えた」ということが研究では明らかになった。*Psychology and Life* は、これは「グループ内の偏見、つまり自分自身のグループを他のグループよりも良いとする評価」の例であると述べている。ほとんど即座に、グループの外部の一部分として定義される人々は、敵意のある感情や不公平の扱いの候補者となってしまうのだ。

[2] 偏見とその起源は、いくつかの最近の研究の焦点となっている。Belgium's Ghent University で実施され、*Current Directions in Psychological Science* で報告されたものによると、偏見は必ずしも「イデオロギー的な」ものではなく、より深い心理学的必要性から成長するというのだ。偏見を持った人々は、知られていないものに対し、特別に強い敵意を抱き、恐れ、不確かなものを憎むと、研究者の１人である Arne Roets 医師は語った。この曖昧さを減らすために、彼らは、最もはっきりとした情報やステレオタイプに依存している。「判断する最も簡単で素早い方法は、例えば、分かった、この人は黒人だからということである。もしあなたが黒人とは、概してどのような人たちなのかという考えを用いれば、それがその人に対する考えを持つ容易な方法である」ということだ。Roets 氏は、その発見は、人々の偏見を少なくする際に役に立つだろうと考えている。「もし素早い返答を必要としている偏見を持った人が、他のグループの人々に会った場合、そして個人的に彼らを好きになっ

た場合、彼らは、グループ全体に対する見方を再形成するべく、この新しい肯定的な経験を用いる傾向があるのだ」と述べている。

[3] *PLOS ONE* は最近、同様の結果に達した Britain's Kent and Sheffield universities で実施された研究を報告した。それは、多様性にさらされることは、異なったグループに対する偏見を少なくする手助けになるということだ。その研究での参加者は、「驚くべき社会的カテゴリーの組み合わせ」について考えるように求められた。例えば、太ったモデル、女性のトラックドライバー、または男性看護士である。このような従来にない組み合わせを想像するだけで、参加者の平等主義の考え方、オープンであること、そして「認知の柔軟性」を育んだ。この民族的に多様性のある Macedonia のこの「介入戦略」の実地テストは、それが「多数の民族グループに対する信頼度と協調性を伴う傾向を増幅させる」ということを証明した。その研究の共著者である Milica Vasiljevic 教授は、「この斬新な介入は、概してより寛容な社会を促進させる目的で、社会の中の1つのグループに対する偏見を標的にする実践可能な戦略を発達させる第一歩であることを示している」と結論づけた。

[Listening / 解答と解説]

(1) ④　　(2) ④　　(3) ③　　(4) ①

(1) 第4文目に合致します。選択肢の①②③に関しては、それぞれ "gender, race, religion" に合致します。④の belongings（持ち物）に関して述べた部分をありません。

(2) 第⑤文目から第⑦文目に該当箇所があります。選択肢の①は、第⑥文目の "loss in self-esteem" の部分に、選択肢の②に関しても、第⑥文目の "influencing ～ behavior" の部分に、選択肢の③は、第⑦文目の "hostile towards ～ general." の部分で述べられています。

(3) 第⑪文目に "Aaron Kay, the study leader" と書かれています。研究のリーダーであることから、研究者であることが分かります。

(4) 第⑬文目の、"takes away from their individuality" の部分が該当箇所になります。肯定的なステレオタイプが、彼らの（本来の）個性から遠ざけてしまうことになるという内容が述べられています。

[Listening / 日本語訳]

　ステレオタイプとは、ある人々のグループに対して私たちが持つ一般的な考えや信条である。これらの考えは、不十分であり誤った情報に基づいている。私たちが、ステレオタイプとして人を見なすとき、彼または彼女の全てのメンバーたちに対して持っている考え方によって、その人を判断している。言い換えれば、ステレオタイプを持つということは、性別、人種、年齢、宗教、または他のアイデンティティの要素に基づいて人々にレッテルを貼る偏見や差別の一種である。ステレオタイプを持つということは、それを経験する人々に対して、様々な害のある心理学的な結果を持つことになり得る。1つに、それは、彼または彼女自身に対する人の見方を変え、歪曲させてしまい、深刻な自尊心の喪失を引き起こし、その人の行動や動作に影響を与えてしまうのである。ステレオタイプを持つことの不公平な部分は、概して、その犠牲者が、出会った人々や、社会や人種といったものに対してでさえも、苦々しいもので敵意を抱かせるように仕向けてしまうことである。興味深い事に、肯定的なステレオタイプ、つまり、賞賛や賛辞として見なすグループのイメージでさえも、危険であることがある。例えば、Duke University で実施された試験は、女性は生来、温かみがあり、親切なものであるということや、アジア人は数学の魔法使いであること、また、ゲイの男性は創造的であるということは、否定的なステレオタイプよりもずっと有害であるということを示している。なぜかだろうか。研究代表者の Aaron Kay 氏によれば、彼らは、グループの生物学的違いについての一般的な信条を強化させてしまい、他の否定的なステレオタイプを生じさせてしまうこともあるからだ。そして、肯定的なステレオタイプのターゲットとなっている人々は、それによって実際には狼狽している。彼らは、肯定的にステレオタイプ化されるということは、自分たちの個性から遠ざかってしまうと語っている。

(1) ステレオタイプが基づいていないものは何か。
① 性別　　　　　　　　② 人種
③ 宗教　　　　　　　　④ 持ち物

(2) 人や集団がステレオタイプ化されてしまうことの否定的な結果とならないものは何か。
① 自尊心の深刻な喪失
② 人の行動やパフォーマンスにおける変化
③ その人々や集団に対する敵意
④ 異なったグループの人々の間での衝突

(3) Aaron Kay は誰か。
① アジアに関する本の著者　　② ステレオタイプの被害者
③ Duke University の研究者　　④ 数学の教授

(4) なぜ肯定的なステレオタイプもまた危険になりうるのか。
① それらは、人々の個性から遠ざかる可能性があるから。
② それらは、宗教的違いを生み出すだろうから。
③ それらは、戦争さえ引き起こすかもしれないから。
④ それらは、一握りの人々にしか、裕福になることを許さないから。

語彙リスト ------- Reading

[1]
- truth （名詞）真実
- prejudice （名詞）偏見
- negative （形容詞）否定的な
- attitude （名詞）態度
- belong to 〜 （熟語）〜に属する
- text （名詞）テキスト
- cite （動詞）引用する
- classic （形容詞）古典的な
- experiment （名詞）実験
- subject （名詞）被験者
- randomly （副詞）無作為に
- divide 〜 into … （熟語）〜を…に分割する
- depend on 〜 （熟語）〜に依存する
- membership （名詞）メンバー
- either 〜 or … （熟語）〜か…のどちらか
- interview （動詞）インタビューする
- in terms of 〜 （熟語）〜の観点で
- category （名詞）範疇
- intrinsic （形容詞）本来備わっている
- psychological （形容詞）心理学的な
- significance （名詞）重要性
- assignment （名詞）割り当て
- completely （副詞）完全に
- arbitrary （形容詞）個人の判断に任せた
- positive （形容詞）肯定的な
- evaluation （名詞）評価
- reveal （動詞）明らかにする
- example （名詞）例
- in-group （形容詞）グループ内の
- bias （名詞）偏見
- define （動詞）定義する
- out-group （形容詞）グループ外の
- instantly （副詞）即座に
- candidate （名詞）志願者
- hostile （形容詞）敵意のある
- unfair （形容詞）不公平な
- treatment （名詞）治療

[2]
- origin （名詞）起源
- focus （名詞）焦点
- recent （形容詞）最近の
- report （名詞）報告
- ideological （形容詞）イデオロギーの
- psychological （形容詞）心理学的な
- particularly （副詞）特に
- aversion （名詞）反感
- fear （動詞）恐れる
- unknown （形容詞）無名の
- hate （動詞）憎む
- uncertainty （名詞）不確かであること
- researcher （名詞）研究者
- reduce （動詞）減らす
- ambiguity （名詞）曖昧さ
- fall back on 〜 （熟語）〜に頼る
- obvious （形容詞）明らかな
- stereotype （名詞）偏見
- what S is like （構文）Sがどういうものか
- generally （副詞）一般的に
- opinion （名詞）意見
- finding （名詞）発見
- useful （形容詞）役に立つ
- quick （形容詞）素早い
- personally （副詞）個人的に
- be likely to V原 （熟語）Vする可能性がある
- experience （名詞）経験
- reform （動詞）修正する
- view （名詞）見解
- whole （形容詞）全体の

[3]
- conduct （動詞）実施する
- reach a conclusion （熟語）結論に達する
- similar （形容詞）同様の
- exposure to 〜 （熟語）〜にさらされること
- diversity （名詞）多様性
- help V原 （熟語）Vするのに役立つ
- participant （名詞）参加者
- surprising （形容詞）驚くべき
- combination （名詞）組み合わせ
- model （名詞）モデル
- female （形容詞）女性の
- truck driver （熟語）トラックの運転手
- male （形容詞）男性の
- nurse （名詞）看護婦
- imagine （動詞）想像する
- unconventional （形容詞）従来型ではない

- ☐ foster　　　（動詞）育てる
- ☐ belief　　　（名詞）信念、考え
- ☐ openness　　（名詞）公にすること
- ☐ cognitive　　（形容詞）認知の
- ☐ flexibility　　（名詞）柔軟性
- ☐ field test　　（熟語）実地テスト
- ☐ intervention　（名詞）介入
- ☐ strategy　　（名詞）戦略
- ☐ ethnically　　（副詞）民族的に
- ☐ diverse　　　（形容詞）多様性のある
- ☐ prove that S V
　　　　　　　（構文）SがVすることを証明する
- ☐ trust　　　　（動詞）信頼する
- ☐ reconciliatory
　　　　　　　（形容詞）妥協的な
- ☐ tendency　　（名詞）傾向
- ☐ multiple　　（形容詞）多数の
- ☐ ethnic group
　　　　　　　（熟語）民族グループ
- ☐ co-author　　（動詞）共同の執筆をする
- ☐ conclude　　（動詞）結論づける
- ☐ novel　　　（形容詞）目新しい
- ☐ represent　　（動詞）表す
- ☐ develop　　（動詞）発達させる
- ☐ viable　　　（形容詞）実行可能な
- ☐ target　　　（動詞）標的にする
- ☐ aim　　　　（名詞）目標
- ☐ promote　　（動詞）促進する
- ☐ tolerant　　（形容詞）寛容な
- ☐ in general　　（熟語）概して

語彙リスト ------ Listening

- ☐ stereotype　　（名詞）固定概念
- ☐ general　　　（形容詞）一般的な
- ☐ belief　　　（名詞）信じること
- ☐ a group of 〜
　　　　　　　（熟語）〜の集団
- ☐ be based on 〜
　　　　　　　（熟語）〜に基づいている
- ☐ insufficient　（形容詞）不十分な
- ☐ mistaken　　（形容詞）誤った
- ☐ judge　　　（動詞）判断する
- ☐ stereotype　　（動詞）固定概念にはめる
- ☐ in other words
　　　　　　　（熟語）言い換えれば
- ☐ prejudice　　（名詞）偏見
- ☐ discrimination
　　　　　　　（名詞）差別
- ☐ label　　　（動詞）ラベルを貼る
- ☐ gender　　　（名詞）性別
- ☐ race　　　　（名詞）人種

- ☐ age　　　　（名詞）年齢
- ☐ religion　　（名詞）宗教
- ☐ identity　　（名詞）アイデンティティ
- ☐ factor　　　（名詞）要因
- ☐ various　　（形容詞）様々な
- ☐ harmful　　（形容詞）有害な
- ☐ psychological
　　　　　　　（形容詞）心理学的な
- ☐ consequence
　　　　　　　（名詞）結果
- ☐ experience　（動詞）経験する
- ☐ skew　　　（動詞）曲げる
- ☐ view　　　（名詞）見解
- ☐ serious　　（形容詞）深刻な
- ☐ loss　　　　（名詞）喪失
- ☐ self-esteem　（名詞）自尊心
- ☐ influence　　（動詞）影響を与える
- ☐ behavior　　（名詞）行動
- ☐ performance
　　　　　　　（名詞）パフォーマンス
- ☐ unfairness　（名詞）不公平
- ☐ victim　　　（名詞）犠牲者
- ☐ bitter　　　（形容詞）苦い
- ☐ hostile　　（形容詞）敵意を持った
- ☐ encounter　（動詞）遭遇する
- ☐ human race　（熟語）人類
- ☐ in general　（形容詞）概して
- ☐ interestingly（副詞）面白いことに
- ☐ positive　　（形容詞）前向きな
- ☐ image　　　（名詞）イメージ
- ☐ praise　　　（動詞）賞賛する
- ☐ compliment　（名詞）賛辞
- ☐ innately　　（副詞）生まれ持って
- ☐ tender　　　（形容詞）柔らかい
- ☐ math　　　（名詞）数学
- ☐ wizard　　　（名詞）魔法使い
- ☐ creative　　（形容詞）創造性のある
- ☐ toxic　　　（形容詞）有毒な
- ☐ negative　　（形容詞）否定的な
- ☐ reinforce　　（形容詞）強固にする
- ☐ biological　（形容詞）生物的な
- ☐ give rise to 〜
　　　　　　　（熟語）〜を生じさせる
- ☐ target　　　（名詞）ターゲット
- ☐ actually　　（副詞）実際に
- ☐ upset　　　（形容詞）動揺した
- ☐ take away from 〜
　　　　　　　（熟語）〜からかけ離れる
- ☐ individuality（名詞）個人

●プロフィール

杉山一志（Sugiyama Kazushi）

東進ハイスクール・東進衛星予備校講師
財団法人 実用英語推進機構理事
Z会東大進学教室講師

受験英語と実用英語の「架け橋」をライフミッションとして、さまざまな教育機関を通して指導を行う。音読を中心とした学習メソッドは、基礎力をつけたい学習者から、難関大学を志望する受験生まで、幅広い層から支持されている。著書は、「英文読解の要点整理（学研）」「短期で攻めるスピード英語長文シリーズ（桐原書店）（共著）」など20冊を越える。

著作権法上，無断複写・複製は禁じられています。

有名一流講師による7日間英語力養成プログラム
杉山一志のリーディング&リスニング ［1-546］

第1刷	2016年8月7日
著 者	杉山 一志
発行者	南雲一範　Kazunori Nagumo
発行所	株式会社　南雲堂
	〒162-0801　東京都新宿区山吹町361
	NAN'UN-DO Publishing Co., Ltd.
	361 Yamabuki-cho, Shinjuku-ku, Tokyo 162-0801, Japan
	振替口座：00160-0-46863
	TEL: 03-3268-2311（代表）／FAX: 03-3269-2486
編集者	加藤　敦
組 版	Office haru
装 丁	奥定　泰之
写 真	松蔭　浩之
検 印	省　略
コード	ISBN978-4-523-26546-7　C7082

Printed in Japan

落丁・乱丁，その他不良品がございましたら，お取り替えいたします。

E-mail　nanundo@post.email.ne.jp
URL　http://www.nanun-do.co.jp/